·首席经济学家丛书·

看懂今日经济

从不确定性中找到确定性

夏斌◎主编

人民东方出版传媒
東方出版社

目录

宏观经济展望：未来中国关注什么？

国际形势研判："特朗普经济"如何应对？

宏观经济展望

未来中国关注什么?

ECONOMY

2017年：经济调整转型的逻辑没变，但需要关注什么？

国务院参事　夏　斌

一、从2008年美国危机到2016年中国“三去一降一补”

中国经济总规模加速赶超除美国之外的“工业七国”其他国家，主要是在进入本世纪初的近十年内。探究总结中国近十年经济总规模快速发展的原因，内嵌于当时世界经济“超级繁荣”周期的中国经济，主要是以中国自身的人口红利和改革开放两大基本原因，遇上了美国进入本世纪初错误宏观政策导致的房地产泡沫、过度消费所提供的繁荣的市场需求，带动了中国与世界需求，推动了中国以出口、投资为主要驱动特征经济的快速发展。2008年的美国危机，宣告了中美等大国必须进入重新平衡的深度结构调整。但是，由于中国在面临紧迫的结构调整中，“美国生病，中国吃药过多”，以及其后的改革和结构调整滞缓，耽误了一些时间，市场始终不能出清，风险隐患不断累积，宽松货币政策的正面调控效率在逐年下降，并且进一步影响了汇率、资本账户开放等金融改革的进程，经济运行中出现了许许多多“纠结”与“迷局”现象。

到了 2016 年，中央政府才开始坚决实施“三去一降一补”的重大政策措施，实施了部分真正“伤筋动骨”的去产能行动。一年来，尽管经济增速在下行，但经济总体上不仅保持了基本稳定运行，而且经济主体的发展出现了“分化”、出现了新旧动能的转换，整个经济结构在改善。应该说，2016 年的中国经济尽管走得很辛苦、很不容易，但总体上还是不错的。

二、2017 年：调整与转型的逻辑没变

展望 2017 年，会是什么样的经济走势？我在之前上海的一次论坛上说，2017 年中国经济调整与转型的逻辑没变，为什么？

第一，因为市场出清的过程很艰难，需要有一段时间，一个过程。真正有力度的“三去”是 2016 年才刚刚开始，完成的任务仅是钢铁、煤炭两个领域的部分过剩产能。2017 年又要涉及多个领域。从经验看，中国这样一个大国且是转轨中的大国，经济调整的真正到位，资产负债要处理完毕，没有两三年的时间是不可能的。特别是三四线城市的房地产库存。

第二，PPI 的由负转正才刚刚开始，真正企稳还需要观察一段时间。

第三，占中国投资份额 60% 的民间投资，2016 年投资增长仅 3% 左右，很明显，近期民间投资的积极性、投资的预期仍是不看好。

第四，货币政策还未回归常态。

三、这一轮调整转型基本成功的标志是什么？

根据中国目前作为一个大国所处的国际环境和经济结构现状，如果说调整与转型基本成功，其标志要看：

首先，能不能基本确立大体稳定的与经济总量相适应的大国消费市场。从数据看，2016 年前三个季度最终消费对 GDP 的贡献率达 71%，比同期提高 13.3%，这是相当不错的。看消费率的趋势主要要看居民消费率每年能否有稳定的增长，能否恢复到 2002 年较正常年份 45% 左右的居民消费率。因为从 2002 年开始连续 9 年，到 2010 年，中国居民消费率曾持续不断跌到 35% 左右。之后的 5 年直至 2015 年，此比率即使每年在增长，也仅仅增长到了 38.5%。居民消费率取决于居民可支配收入。全国城乡居民可支配收入 2016 年前三季度实际增长仅是 6.3%，低于 GDP 增长 6.7% 的水平。前一段时间收入增长缓慢，消费增长快，部分原因是房地产消费信贷增长较快，这部分因素是不可持续的。所以能否提高且稳住大国的消费水平，可以说这是中国经济结构转型成功的基本特征。

其次，根据多年来房地产市场波动对中国经济严重干扰程度的分析，可以说，在全社会能不能基本形成房地产市场是以消费品为导向而不是以资产市场为导向这一局面，这就是本轮经济调整与转型基本成功的重要标志。

第三，看货币政策与货币供应能否基本回归常态。如果根据中国经济增长经验数据预测，M2 增长在未来二三年内能降到 10.5% 甚至更低的水平，而经济运行仍能保持基本正常的运行，说明货币供应基本回归了常态。这意味着，当货币供应回归常态，经济仍能正常运行时，说明隐含的过去遗留下的过剩产能、高库存以及相应的高杠杆率风险已逐步得到释放，僵尸企业问题得到解决，在宏观政策上没有必要再继续过去宽松的货币供应来平衡、来掩盖经济增长与金融风险之间的矛盾问题了。

四、2017 年需要密切重点关注什么？

从经济学不确定性角度分析，如果说 2017 年的经济工作与往年不同，除继续往常的稳增长、鼓励创新、一带一路、惠民生、促消费等工作之外，从影响宏观经济总量变动的因素进行观察，还需重点关注什么？

第一，国际上的“黑天鹅”事件。曾经的英国公投、接下来的德国大选等各种涉及欧盟解体、欧元风险的因素，以及特朗普明显的不确定性，其结果会是什么？是点燃贸易战火？是出现新的全球金融市场动荡？还是以急剧的汇率波动形式传导到中国经济、影响到中国经济？这是 2017 年明显地比以往任何年份更需要突出强调的不确定性，更需要未雨绸缪。

第二，市场密切关注的人民币汇率预期以及主管部门近期进一步加强资本账户管理的措施，表现为金融开放领域的事，但这仅仅是表象，实质反映的是人们对中国经济增长和稳定的预期，是人们对国内国企改革与市场出清的预期。尽管中国经济长期增长预期很好，但体现为时间上的“长期”是由一个一个“短期”时间所联结。因此要认真关注和正确预测市场预期，重点要关注能引导预期的近期各项改革措施和化解风险的措施。具体说，在这些方面，会出台什么措施？这些措施又在多大程度上、多长时间上引导预期？

第三，“房子是用来住的，不是用来炒的”，这是中央针对国人长期困惑的房地产市场建立健康发展长效机制的内容，第一次作出了明确的表态与定位。现在，主导方向明确了，具体的内容和措施是什么？譬如在对首套房及第二套、第三套房以上的商品房出台什么样的金融、税收政策？对既有各种类型的非纯商品房及租房市场又如何规范管理？由此必然涉及的人地挂钩的土地供应政策，应做些什么调整？调整后各地方土地财政收入会发生什么变化？由此央地关系如何处理，需采取什么新的政策？进一步说，长效机制的具体内容政策研制明确后，一项一项政策具体何时出台？是否需分几年出台？选择什么时机出台？2017年中央又要下决心处置一批风险点，这些政策如果和房地产市场调整规范政策重叠在一起，对宏观经济的稳定与增长又意味着什么？这一切，对2017年的中国经济是极需要认真关注的。

第四，“稳中求进”是当前经济工作的总基调：既要确保经济运行的基本稳定，又“要在关键领域有所进取”，包括“下决心处理一批风险点”。要暴露一些风险：包括继续推进钢铁、煤炭及其他产能过剩行业的去产能，要重组、破产一批企业；包括建立房地产市场健康发展的长效机制，要处理部分三、四线城市的房子高库存和银行不良贷款风险等等。而这一切既是中国经济改革的必需，调整的必需，本身又是蕴含着改革与调整的内容，其对长期稳定增长确有好处。但是，如果在短期内处理不好，对当下增长进而对社会稳定又有不可轻视的负面影响。因此，如何“有所进取”？这些工作是在2017年一年内尽快解决还是分年逐步解决？这分别对经济稳大局有什么样的影响和冲击？如果再联系上述稳定汇率预期的有关引导工作进行思考，对宏观经济稳定又会有什么样的影响？这必须要有兼顾长期与短期、高屋建瓴的统筹谋略。对此，需要关注的是，决策层是否已经统筹谋略过？如果有了谋略，又如何确保执行力？谁去落实，谁去检查？应采取什么样的措施才能以防一个好的想法成为口号、空话？这一切，是经济政策研究者要真正看懂2017年中国经济运行所必须突出关注的，也是市场和国民翘首以待的。

中国经济是滞胀，还是复苏？

兴业银行　鲁政委

一、2016 年是不是中国经济复苏的开始？

大家在 2016 年看到了过去复苏当中非常常见的两个特征。第一个特征就是物价出现了上行，特别是 PPI 终于摆脱了长达 4 年多的持续负增长，变成了正的。而且到年末，同比的增速变得非常高。12 月单月数据还没有发布，但是我看到不少机构已经预测到 4%，甚至接近 5% 的增长。第二个特征是，中国工业企业的利润从 2015 年的持续一年的负增长到 2016 年全面转正。2016 年 8 月后利润的增长也基本上接近 8% 到 10% 的水平。总体上看，似乎中国经济已经出现了“即将复苏”的迹象。然而，令人费解的是，在数据变好的背后，我们看到 2016 年中国经济的增速相对于上一年继续放缓。现在的预期当然在 6.7% 左右，其实比上一年还是进一步放缓。

如图 2-1 所示，我计算了部分商品在 2016 年一整年相对于 2016 年第一个交易日的涨幅。2016 年最令人意外的事情之一，就是年初所有人都觉得中国的这些产品严重过剩，而过剩最严重的黑色系在 2016 年的涨幅却最高。其中涨得最多是焦煤，涨幅达到 186%。排第二的是涨幅超过了 50% 的钢铁。如果把铁矿石的价格划进来，涨幅会更高一点。除此之外，其他商品的涨幅都没有超过 50%。这两个商品到底有什么特点呢？ 2016 年初国务院开会定调“去产能”，而钢铁和煤炭行业便成为去产能的重点。所以这两个行业的产品价格在 2016 年是涨得最快的。

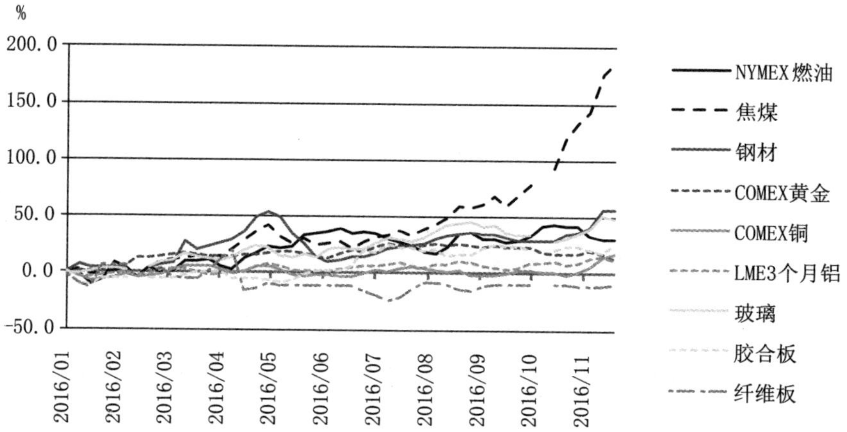

资料来源：Wind，兴业研究

图 2-1　大宗商品价格涨幅（以 2016 年第一个交易日为基期）

如图 2-2 所示，我们看出 PPI 跟汽油的涨幅并不一致，但是它却跟螺纹钢、焦煤、热轧普通薄板走势更为一致。由此可以得到一个不那么严谨的经验推断，2017 年 PPI 的上涨相当大的程度是黑色系的贡献，也就是煤炭和钢铁贡献的。所以我们理解 2017 年 PPI 转正的时候，需要很好地理解煤炭、钢铁领域等所发生的事情。

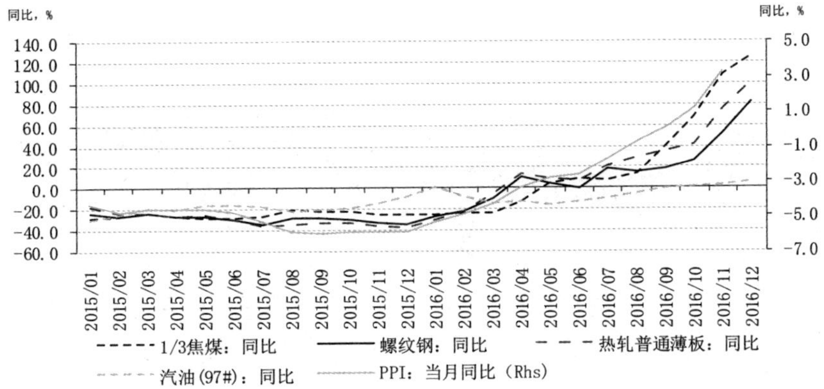

资料来源：Wind，兴业研究

图 2-2　大宗商品价格同比涨幅

如图 2-3 所示，实线是动力煤的月产量，虚线标示出了 2016 年动力煤月产量的大致水平。可以看到 2016 年的产量基本回落到 6 年前的水平，也就是回到了 2010 年乃至 2009 年下半年的水平。不管我们如何看待 2009 年之后的中国经济增长，有一个结论是确定的，就是中国的经济并没有负增长，我们的经济总量在不断扩张。如果经济的用煤密度没有发生变化，那么我们用的煤炭量也会正常增加。结果我们却看到 2016 年煤炭的产量回到了 6 年前的水平，这就意味着煤炭明显不够用了。

进一步看“绝代双焦”是怎么炼成的。如图 2-4 所示，2016 年原煤的产量回到了 2009 年 5 月份的水平，这意味着什么？如果看 GDP 的增长，2009 年第一季度是中国经济触底的季度，第二季度 GDP 增速稍有反弹。也就是说我们已经把现在原煤的产量压缩到了接近 2008 年之后中国经济最低迷时期的产量水平。当然我们现在已经走出了最低迷的时候，经济没有那个时候那么差，所以这个时候的煤炭肯定是不够用了。

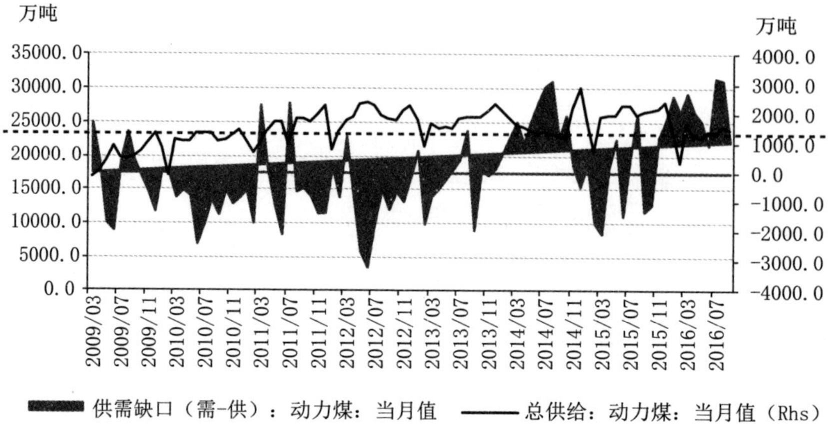

资料来源：Wind，兴业研究

图 2-3 动力煤的产量与供需缺口

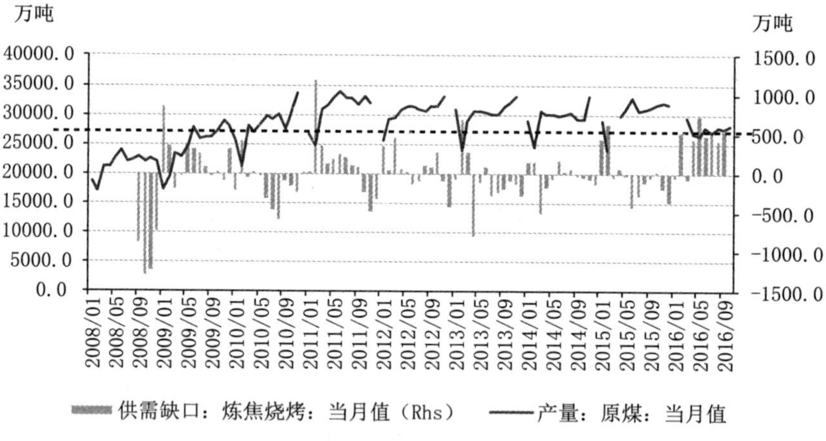

资料来源：Wind，兴业研究。

图 2-4 原煤产量与焦煤的供需缺口

二、典型的滞胀

由此可以看出，这就是一次典型的滞胀。什么是典型的滞胀？经济学里面定义的滞胀，就是由于供给的突然萎缩所带来的价格上升，同时经济增速放缓（参见图 2-5）。经济学上讲的最典型的滞胀期就是西方的 20 世纪 70 年代，第四次中东战争爆发后，阿拉伯石油输出国组织部长会议决定对支持以色列的美国等国的石油供应逐月递减，使得油价在非常短的时间内从每桶几美元上升到每桶 12 美元。我们现在这个情况跟当时非常相似：虽然经济继续向下走，但是因为煤炭产量被压缩到六七年之前的水平，导致煤炭不够，价格上涨。

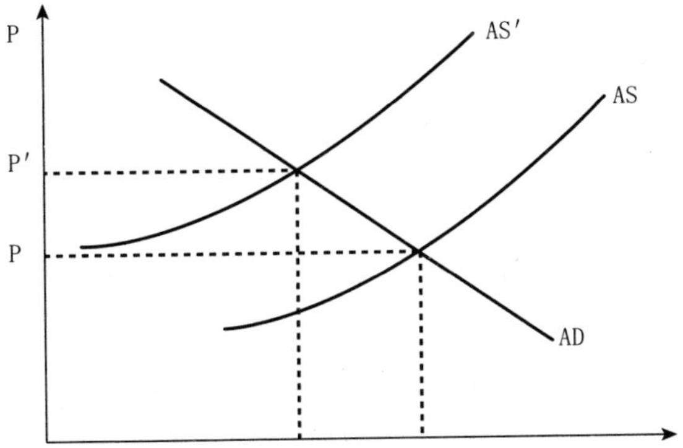

图 2-5 “滞胀”

2016 年，在所谓的 PPI 价格上涨的背景下，如图 2-6 所示中国工业企业的产能利用率水平却没有上升。2016 年产能利用率水平相对 2015 年下降，现在只有 73%。如果认为 2006 年一直到 2012 年中间中国经济基本正常，那么产能利用率应该在 78% 以上才对。

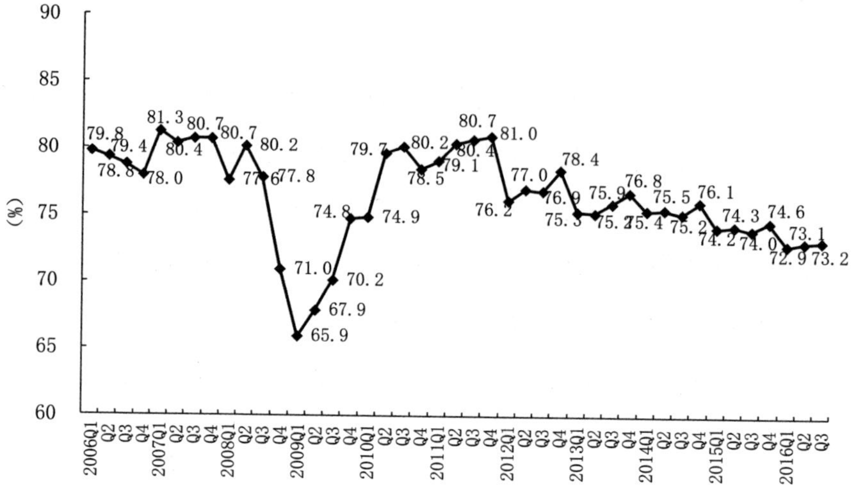

资料来源：国家统计局，兴业研究

图 2–6　工业企业产能利用率

我们还看到 2016 年中国工业企业利润的转正。我们将工业企业分成上、中、下游，看看哪部分对工业企业利润转正的拉动最大。如图 2–7 所示，由于上、中、下游并不是等分的，在这轮工业企业利润转正中，中游的拉动比较大，但是下游企业对整体利润是负向拉动。下游工业企业的利润没有改善，改善的充其量是上游和中游。这对于经济增长来说意味着什么呢？

图 2–8 反映的是上、中、下游对工业企业利润拉动历史的变化。从 2013 年以来，整个下游的部分对于工业企业的利润拉动在不断下降，而真正有改善的只有上游和中游。

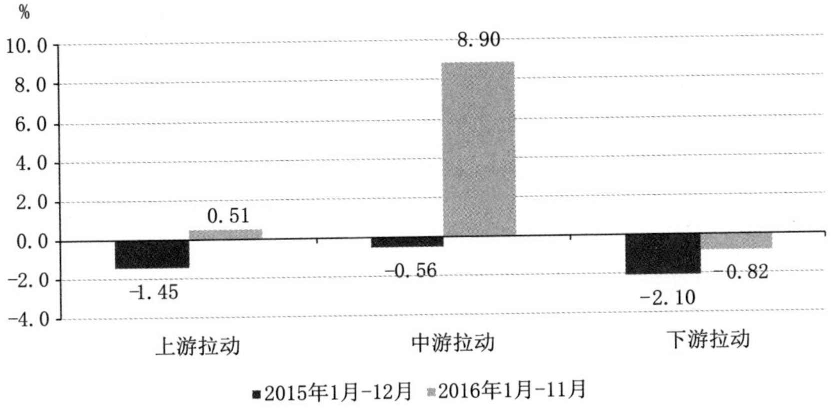

资料来源：Wind，兴业研究

图 2-7 上、中、下游利润改善对工业企业整体利润改善的贡献

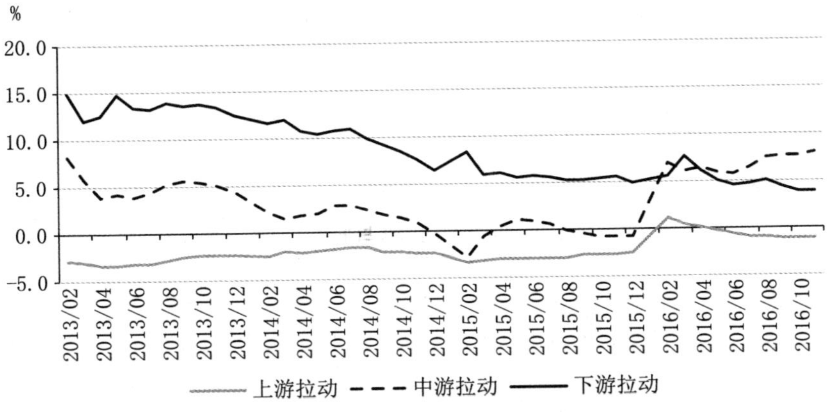

资料来源：Wind，兴业研究

图 2-8 上、中、下游对工业企业利润拉动的历史变化

由此带来的问题我们可以从图 2-9 看到。图中虚线是下游工业企业利润的增长，实线是上游工业企业利润的增长。上游虽然一直在好转，但在上游好转的初期，下游利润增速却在下降。后来下游开始好转，可是好转两个月以后，下游利润增速又重新开始下降。如果从价格角度来看，这意味着，最初上游涨价的时候，下游价格也能上涨。可是涨了两个月之后发现涨不动了，再涨就卖不掉了。当下游价格涨不动的时候，上游价格的上涨就开始侵蚀下游的利润，最后下游企业的利润空间被严重压缩。

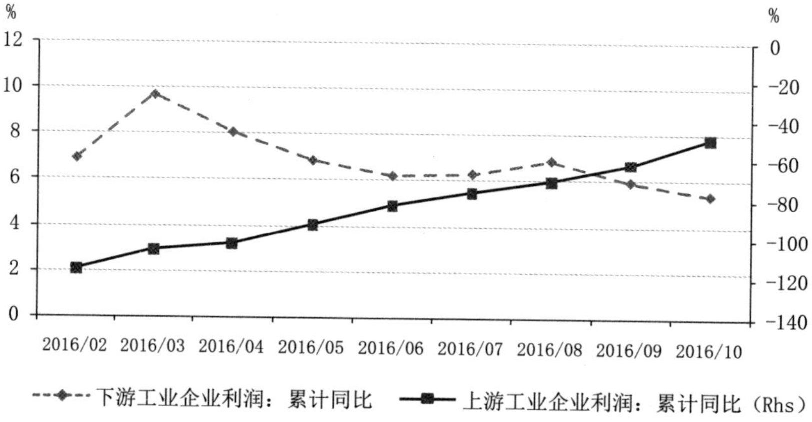

资料来源：Wind，兴业研究

图 2-9　上游工业企业利润增速与下游工业企业利润增速

再看图 2-10 提供的中游的情况。开始上游涨的时候，中游也跟着涨。但 3 个月以后也发现涨不动了。

如图 2-11 所示，PPI 跟上游工业企业的利润关系更紧密：PPI 一上升，上游企业的利润就会上涨。假如每桶原油价格从 30 美元涨到 50 美元，如果比较快的话，现在 30 美元的油很快就可以涨到 50 元，很快就有 20 美元可以赚了。哪怕基本面什么改善都没有，只要 PPI 上升，上游企业利润就可以改善。但是 PPI 却跟工业增加值没有关系。工业增加值是我们观测月度经济增长的指标。

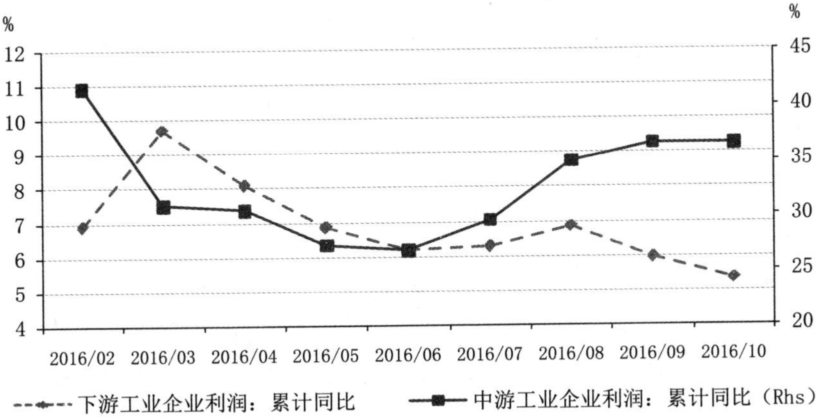

资料来源：Wind，兴业研究

图 2-10　中游工业企业利润与下游工业企业利润增长情况

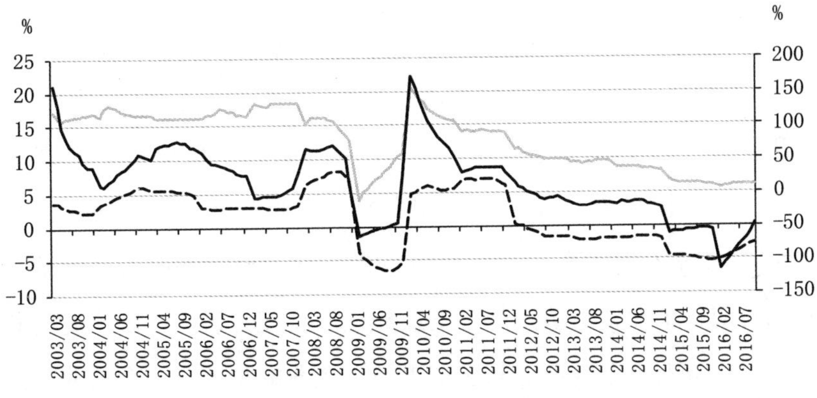

资料来源：Wind，兴业研究

图 2-11　上游工业企业利润增速与 PPI、工业增加值增速

那么，谁跟经济增长有关系呢？反而是下游的企业。从图 2-12 我们可以发现，下游工业企业的利润跟整个工业增加值的关系更密切。这意味着，如果上游价格的上涨无法传导为下游的利润上涨，无法带动下游利润一起改善的话，经济是没有办法好转的。

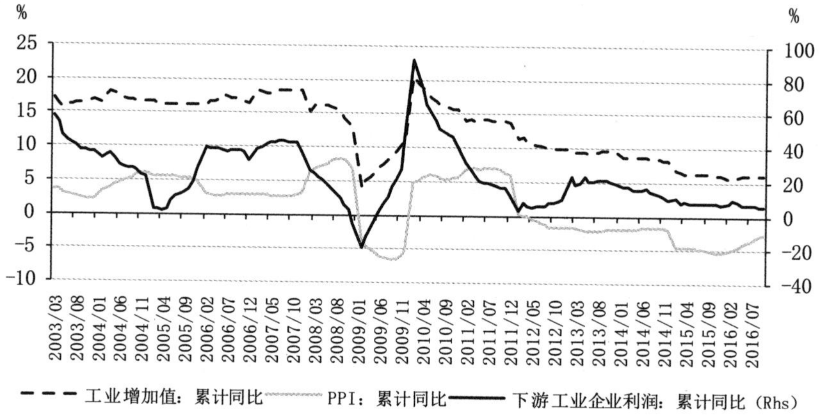

资料来源：Wind，兴业研究

图 2–12　下游工业企业利润增速与 PPI、工业增加值增速

我们进一步看图 2–13、2–14。图 2–13 展示了历史上上游跟下游的利润变化。阴影部分是上游利润变好、下游利润变差的时候。结合图 2–14 中工业增加值的增速，可以发现，在上游利润改善而下游利润变差的时期，工业增加值全部是增速放缓。也就是说，只要下游的利润不改善，经济就不会复苏。其实如果站在企业的角度，一个最简单的观察标准就是看下游的企业利润能不能起来。如果下游企业的利润不能改善，经济就难以好转。

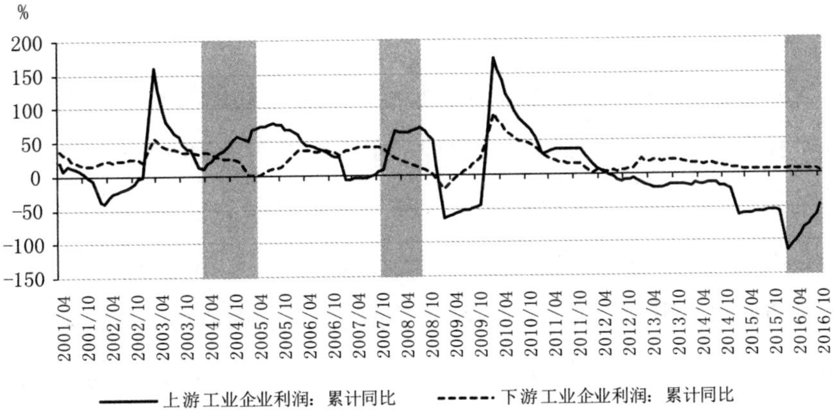

资料来源：Wind，兴业研究

图 2-13　上游、下游工业企业利润变化

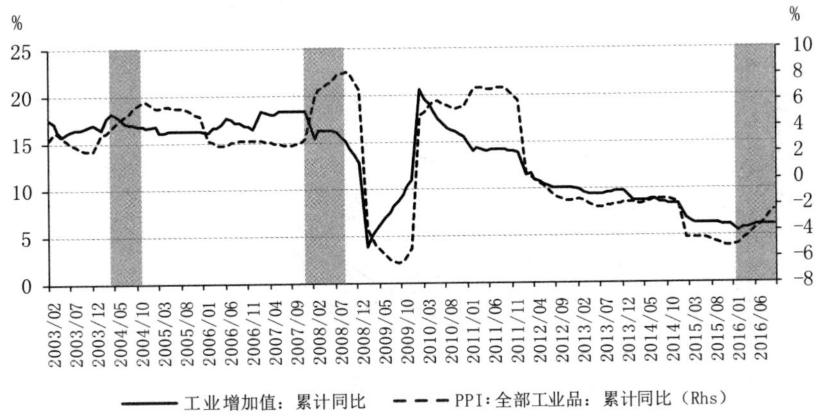

资料来源：Wind，兴业研究

图 2-14　上游利润增速上升、下游利润不升时期的工业增加值表现

三、真正的复苏应该是什么样？

最后，我们如果重新回到理论上来探讨，真正的复苏应该是什么样？我想真正的复苏恐怕只有两种样子（参见图 2–15）。第一种是短期的复苏。短期就是经常讲的 3 年以内，甚至 5 年以内的复苏。实质上是总需求曲线的外移，然后带来了我们可以观测到的价格的上升和经济增速的加快。当然，如果供给侧改革最终取得全面成功，那么未来 5 年 10 年，可以有第二种复苏。那就是更长远的经济持续稳定的增长，也就是总供给曲线的移动。第二种复苏下，我们能够看到经济更快地增长，表现为劳动生产率的提高。这种复苏在国际上曾经出现过。比如说 1990 年到 2000 年，全球、尤其是亚非拉地区都经历了一次齐头并进的增长，但是全球的物价却涨得不厉害。

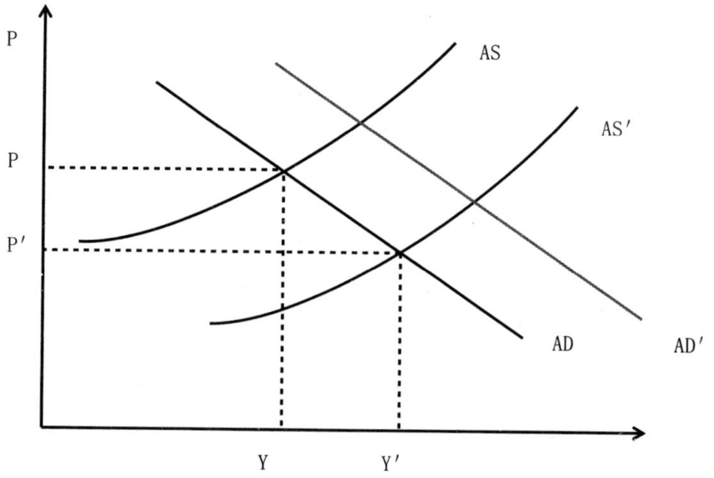

资料来源：兴业研究

图 2–15　两种状态的复苏

如何实现可持续增长？

亚洲经济研究所　汪　涛

一、中国经济展望

长期可持续发展是个复杂的问题。首先，从2017年经济展望来看，我们认为经济会平稳运行，GDP增长从2016年的6.7%略微放缓到2017年的6.4%，2018年放缓到6%。2015年经济增速已经达到6.9%，我们认为2016年能够达到6.7%，与宏观经济稳增长政策密不可分，尤其是2016年财政政策发力和基础设施建设逆势增长（见下表）。

表　2017—2018年中国经济展望

	2015	2016E	2017E	2018E
实际GDP（增速，%）	6.9	6.7	6.4	6.0
消费	8.0	8.0	7.2	6.6
投资	6.3	6.2	5.9	5.3

续表

	2015	2016E	2017E	2018E
净出口（对 GDP 增长的贡献）	0.3	−0.2	0.2	0.1
经常账户顺差占 GDP 的比重 (%)	3.0	1.9	1.3	1.2
CPI 通胀（增速，%）	1.4	2.0	2.3	1.8
M2（增速，%）	13.3	11.4	11.0	11.0
整体信贷（社融 + 地方债券余额增速，%）	15.2	16.0	14.9	13.5
1 年期贷款基准利率（年末值，%）	4.35	4.35	4.35	4.35
美元兑人民币汇率（年末值）	6.49	7.00	7.30	7.50

来源：CEIC，瑞银估算

2016 年房地产市场回暖超出预期，但我们认为 2017 年房地产会减速下行，对经济增长造成一定压力，不过幅度应该比较温和。过去几个月出台的房地产调控并非全面打击，而是促进房地产市场的健康长期发展，因此政策不会特别紧缩。此外，2016 年库存水平已大幅下降（如图 3–1）。

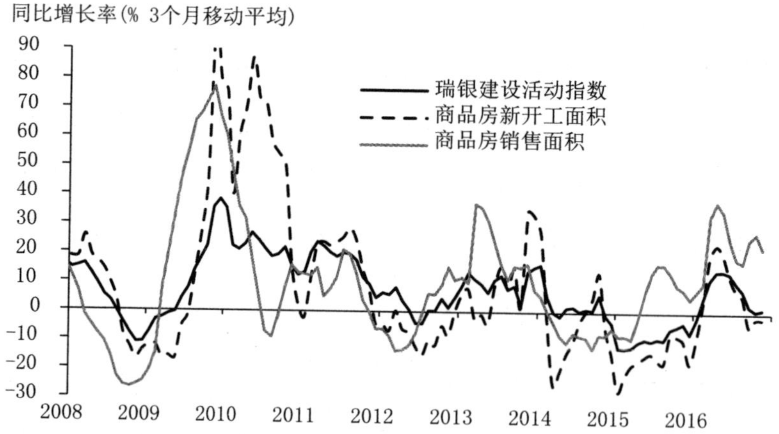

来源 :CEIC，瑞银证券估算

图 3–1　房地产销售、新开工投资反弹

其次，中央经济工作会议定调“稳中有进”，稳字当头，所以我们认为2017年的政策还会加码基建和财政政策。如图3–2所示，中国的基建一直都是个政策工具，经常逆势而为。财政政策还有很大的空间支持基建投资，因此2017年经济增长应当相对平稳。但是长期而言，基建面临的最大限制不是财政，而是是否有足够的可投资项目。虽然中国存在基建需求，但并不是每个地区、每个区域都需要地铁、高铁等大项目，这一点未来会更加突出。

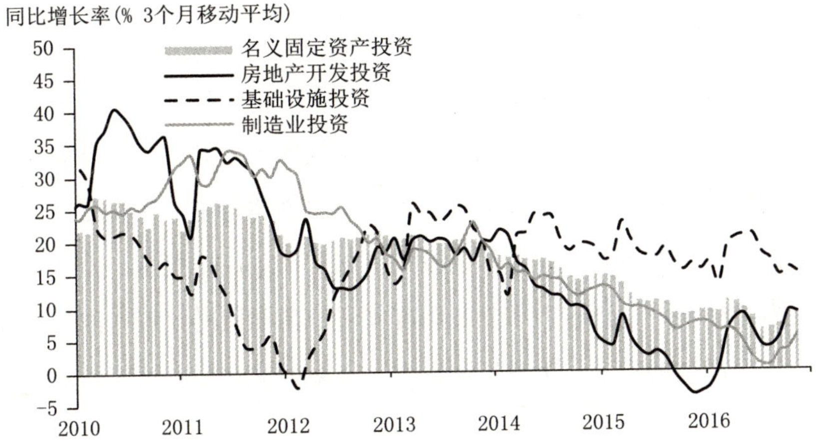

来源 :CEIC, 瑞银证券估算

图3–2　基建投资逆势而为

既然稳增长最重要的目的是稳就业，那么到底需要多快的增长才能保就业？我们估算未来5年维持平均不到6%的增速就可以实现“十三五”规划中5年实现城镇新增就业5000万的目标，不需要达到6.5%。

因此，我们预计2017年经济增长6.4%、2018年增长6%。短期来说，有什么因素可能会影响经济增长、扰乱平稳运行？我认为2017年最大的不确定性是全球经济增长的不确定性和外部贸易保护主义的不确定性。

二、长期可持续增长

现在对市场的潜在增速到底是多少存在很多争论，一般的分析会从劳动力、人口老化、资本的积累、全要素生产力等方面入手。但是，我们平常所用的核算数字是有缺陷的。首先，通常的假设是资源是无限的，所以资源这个要素根本不在模型里。但对中国这样的大国而言，资源环境对增长有明显的限制，比如环境污染问题等。其次，计算通常假设投资就能形成资本。但实际上投资可能无法创造资本，换言之，可能存在无效的投资或者是非生产性的投资。如果债务用于投资，为什么债务问题越滚越大？这意味着从宏观角度来看，前期做的投资可能是无效投资或非生产性的投资、无法形成资本，未来的潜在增长可能因此要大打折扣。

如何才能实现长期的可持续增长？我觉得还是要从劳动力、提高资本的有效投入和全要素生产率这些角度入手。从劳动力的角度看，要推进劳动力的自由流动。从经济学含义的城镇化角度来看，非农就业在中国的就业占比已达到80%，但仍低于OECD国家平均非农就业的95%，还有很大转移空间。因此政府要提高非农就业，需要破除现有障碍，推进户籍改革和社保体系的改革，推进劳动力的自由流动。这里不仅包括从农村转移到城市，而且包括从没有就业机会的地方能够转移到别的地方。

提高资本的有效投入也是另一种实现长期可持续增长的方法，也即改善投资结构，减少非生产性的投资和过剩产能的投资、减少无效投资。这就需要硬化预算约束，引导企业投资，如果企业投资失败、无力经营，就必须自己承担。这里所说的企业的重组和改制不仅是国企，民营企业在投资的时候做错决定最后被政府埋单的情况非常多。而十八届三中全会讲的市场配置资源，就是一个非常重要的体现。

提高全要素生产率靠什么？有很多答案，我只想讲一点。能不能靠过多地依赖金融创新来实现这一点？我个人认为不能。我们经常谈到金融自由化、金融更多地服务实体经济，而我认为如果企业效率低下，投资错误而不需要承担责任，或者僵尸企业仍然得以生存的话，那融资再容易、再便宜也无济于事。实体经济的问题还是要有实体经济的解决方案。

债务问题也是会影响长期可持续增长重要的影响因素。过去债务为投资积累提供了很多融资，但很多投资实际上流向了非生产性部门。过去七八年，房地产和建筑业的负债和资产的扩张速度均远远快于工业部门（如图 3–3）。在工业部门里，规模大幅上升的资产也不是固定资产，而是房地产投资等其他资产。所以债务问题跟长期可持续性问题也是可以联系起来看。

会不会马上爆发危机？我认为短期内即便杠杆率攀升，爆发系统性风险的概率也不大。这是因为我国储蓄率较高，资本项目存在管制，外债比例较低，并且政府的控制力比较强。但是未来存在可能导致债务问题引发系统性危机的因素，一个是资本大幅流出，另一个是影子信贷在整体信贷中占比不断上升。我们估算影子信贷现在整体信贷中已经超过了 30%，占 GDP 的比重已经接近 80%，达到一个非常高的水平。年前债券市场上出现“债灾振荡”，就是影子信贷的作用。

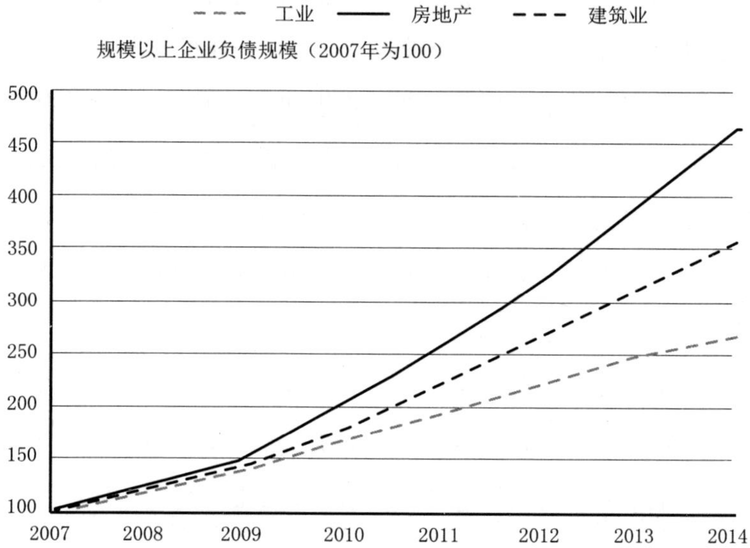

来源 :CEIC, 瑞银证券估算

图 3–3　规模以上企业负债规模

服务业是未来深化改革的方向

中国人民银行　盛松成

国有企业改革是目前一项主要工作。一谈到国有企业改革，人们马上就会想到制造业、工业企业，比较少的人会想到服务业的改革，但是我觉得未来服务业将是改革的一个方向。

服务业在国民经济核算中，包括除了农业、制造业等五大实物商品生产部门之外的所有其他 15 个产业部门，如批发零售业、金融业、房地产业、交通运输业、仓储和邮政业、住宿和餐饮业、租赁和商务服务业，信息传输、计算机服务和软件业，教育、卫生、社会保障和社会服务业，文化、体育和娱乐业等，所以说，服务业是国民经济、也是实体经济的重要组成部分。

一、我国三大产业的 GDP 构成

中国以前是个农业国，改革开放前第一产业在 GDP 构成中最高的时候超过 50%，现在大约是 7.8%。目前 GDP 中服务业占了 52%，工业占比基本上是平稳的，在 40% ~ 50%。但是根据我个人的研究，我觉得我们的工业是被高估的，服务业是被低估的。因为服务业的核算方法和工业、农业不同。GDP 核算的方法有 3 种，生产法、支出法、收入法。服务业核算只能通过收入法，只能通过劳动者的报酬、生产税净额，也就是税收，还有营业盈余，也就是利润，再加上固定资产折旧，这是服务业核算的特殊方法，全世界都是这样。这种核算的方法在中国很容易使数据被遗漏，所以中国服务业的占比应该说是被低估的，目前服务业在我国 GDP 中的占比大概是 55%。别的国家是多少呢？美国最高，达 81%，主要的国家基本上都在 67% ~ 70%，所以服务业在我们国家总体占比还是比较低的。但是改革开放以来服务业已经有了大幅度的增长，对国民经济的增长是非常重要的。

二、国有企业在制造业中的占比持续下降

在中国制造业，大概是占了整个 GDP 的 40%，实际上可能还不到。我们的制造业中有各种类型，私营企业、国有企业、国有控股企业、外商投资企业、集体企业等，但是这些加起来不一定是 100%，为什么呢？因为统计是一件非常困难的事情，比如说股份制企业，你不知道里面有多少是国有的，国有控股企业也不能说都是国有的。再比如我们做政府和社会资本合作（PPP），更不好说都是国有的。但是我们可以看到两个趋势，一是私营企业占比当中的营业收入不断上升，最近 5 年，从 30% 上升到 35%，而国有企业、国有控股企业只有 20% 左右，集体企业基本上越来越少了，外商投资企业也略微减少，没有多大变化。这就

是营业收入，也就是说从营业收入看，国有企业在我们制造业当中占的比重是 20% 左右。

另一个趋势从利润来看，国有企业利润不停下降，目前只占了 18%，而私营企业不断上升，占到 35%，当然这加在一起也不是 100%，还有股份制工业企业占 68%，因为里面有国有成分也有非国有成分，所以很难统计出股份制工业企业究竟国有多少、非国有多少。但是我们大致有一个概念，国有企业在制造业中的利润及营业收入占的比重大概是 20% 左右。而资产比重大一点，占了 37%，为什么呢？因为国有企业有不少“僵尸企业”的过剩产能，但是资产还在，也没有破产，所以相对说资产多了一点，当然加在一起也不是 100%，因为统计不到 100%，这是已经用了比较严密的统计方法。

总体讲，我用这 3 个数据是为了告诉大家，在 GDP 的 40% 中，国有的成分实际上只贡献了 20% 左右，也就是说我们国有企业的增加值对 GDP 的贡献率大概只有 8% 左右。而且国有企业现在贡献率在不停下降，5 年、8 年前国进民退，我们的国有企业各项指标经常比民营企业好。但是最近几年倒过来了，经济好的时候，我们的民营企业可能增长 5% ~ 6%，而国有企业可能是 2% ~ 3%。经济情况不好的时候，国有企业往往是负增长，而我们的民营企业还是会正增长 2% ~ 3%。按照这个速度，到 2020 年左右，中国制造业中的国有企业对 GDP 的贡献大概也就是 5% 左右。上述这些数据是为了证明，如果我们仍把国有企业改革的重点放在制造业当中，那就进入了误区，因为我们还有更大的一块是服务业。

三、服务业的地位持续提升

服务业有 15 个类别，占比最高的是批发零售业，然后是金融业、房地产业，其他各种都有。平均下来，大概服务业中国有企业利润、营业收入占了 40%，甚至到 50%，金融更高，占了 60% ~ 70%。图 4–1 是我们服务业的构成，服务业的构成比例最高的是批发和零售业，然后是金融业、房地产业等。所以大家不要误解，以为服务业就是餐饮、理发等等而已，不是那么简单的事，我们的服务业是非常高档的，包括批发和零售业、金融业；也包括交通运输、仓储和邮政业；还包括高科技的信息传输、计算机服务、软件业，教育、卫生和社会保障业，文艺娱乐业等，这些都是服务业。但是，总体讲中国服务业中的国有成分平均要占到 40% ~ 50%，金融业更高。

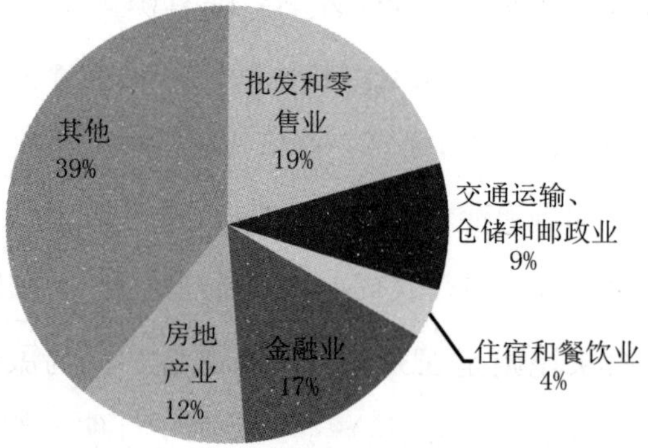

图 4–1　中国服务业构成

再看图 4–2 服务业的就业情况，中国服务业地位不断提高，服务业对就业的贡献度也非常高。我国农业对就业占比从改革开放初期的 70% 下降到目前的 28%，而服务业就业占比则从 10% 上升高到现在的 42%。

我把这些数据都列出来，是为了告诉大家，服务业如果改得好，未来对经济发展、促进就业都会有更大的推动潜力。

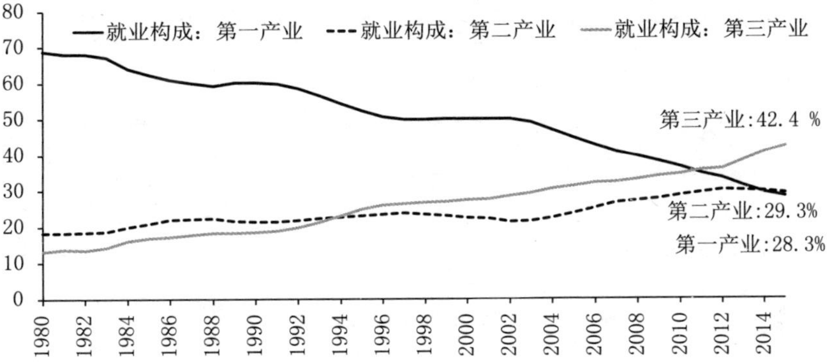

资料来源：Wind 资讯

图 4-2　各产业就业人数的比重

四、服务业的劳动生产率偏低

让我们看图 4-3 的劳动生产率，劳动生产率很能说明问题，我为什么说服务业改革不到位，因为服务业的劳动生产率相对来说还比较低。服务业的劳动生产率和制造业相比，第二产业比服务业高了 1.18 倍，若用实际价格来比则是 3.33 倍，为什么呢？因为服务业的价格一般上升比较快。所以实际上制造业劳动生产率比服务业的劳动生产率高得多，这也反映了我们改革的缺陷，大家可以看到图 4-4 中，从 1980 年到 2015 年服务业的劳动生产率增速每年平均 5.4%，而第二产业的劳动生产率增速高达 7.8%。长期积累下来以后，我们服务业的劳动生产率比制造业的劳动生产率低得多。

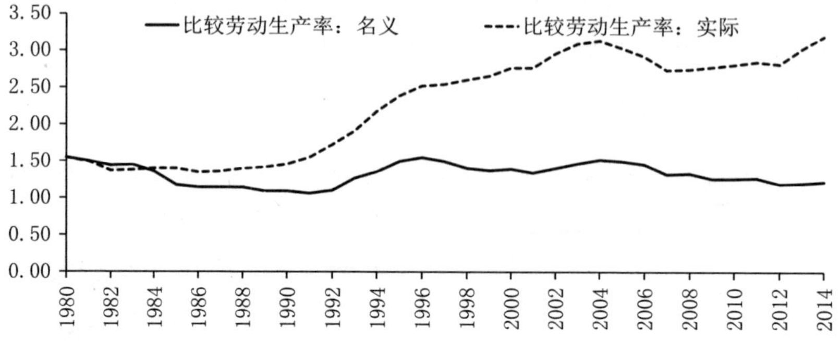

资料来源：Wind 资讯

图 4-3　第二产业与服务业的比较劳动生产率

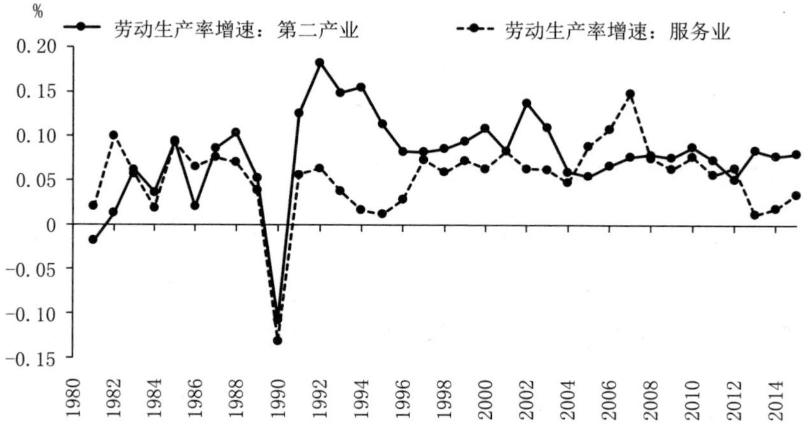

资料来源：Wind 资讯

图 4-4　第二产业与服务业的劳动生产率增速

我们看图 4-5 的国际比较，国际比较也很能说明问题，很有意思。从国际比较看中国的劳动生产率当然比人家低，因为我们人均 GDP 比其他国家低得多。美国的服务业劳动生产率是我们的 4.1 倍，德国是 3.2

倍，英国是 3 倍，日本是 2.8 倍。而中国第二产业的劳动生产率，与其他国家差距要小一些，日本是 2.3 倍，德国是 2.9 倍，英国是 2.6 倍。从中国与其他国家第二产业的劳动生产率角度看，我们服务业的劳动生产率更不如人家，这样比较可能更有意义。

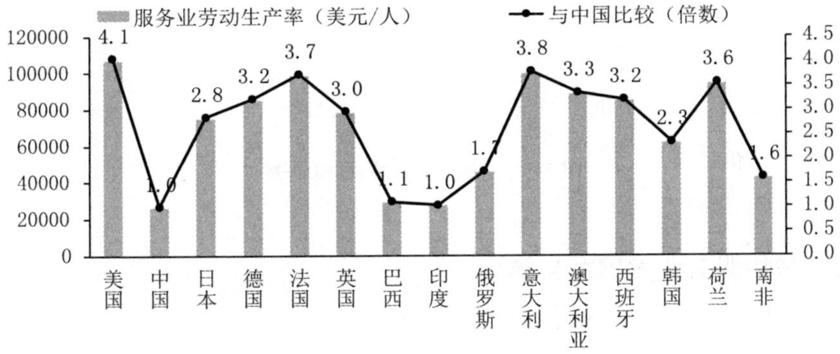

资料来源：国际劳工组织、世界银行

图 4–5　各国服务业劳动生产率的比较

现在很多人都在讨论国际收支平衡的问题，讨论汇率的问题和资本流动的问题。从 1998 年开始，我们服务业的贸易一直处于逆差状态，2015 年货物贸易顺差 5700 亿美元，而服务业的贸易逆差是 1824 亿美元。图 4–6 则说明我们服务业贸易的竞争力指数不断下降，比人家差，出不去，这是非常明显的。

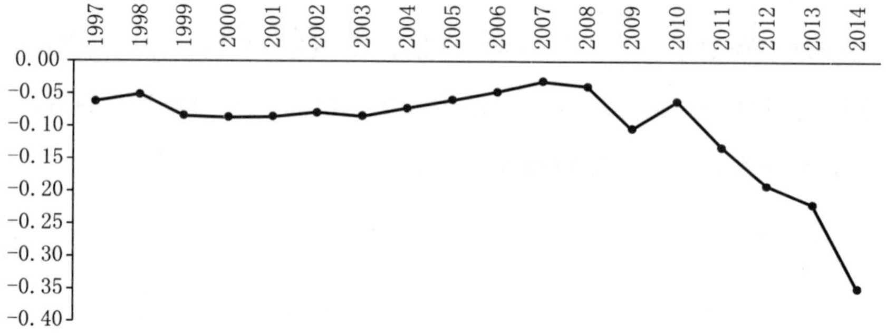

资料来源：Wind 资讯

图 4-6　我国服务贸易竞争力指数

五、加快服务业发展意义重大

服务业是促进就业与经济增长的渠道，中国 2015 年 GDP 增长 6.9%，其中服务业增长 8.3%，对经济增长的贡献度为 53.7%，首超第二产业。刚才我们说服务业增加值占了 52%，是指 GDP 余额当中的占比，但是对 GDP6.9% 的贡献率服务业首次超过了第二产业。我们现在面临环境污染、产能过剩等都是传统制造业形成的，如果可以推动服务业的供给侧改革，对这些问题的解决都会有非常大的好处。另外，服务业是典型的劳动密集型产业，如果发展得好，我们的就业率会提高。中国 2015 年服务业吸纳就业人口是第二产业的 1.45 倍，是第一产业的 1.5 倍。2015 年中国服务业占比达到 42.4%，美国是 82.5%，日本达到 70.4%，说明我们的服务业对就业的拉动还有非常大的发展潜力。

我们现在都在说拉动内需，拉动投资和消费，大家都在投资上下功夫，消费比较缓慢。但是最近几个月的消费都在比较平稳地增长，那消费增长靠什么，消费就靠服务业的提高，包括餐饮、交通、技术、教育、医疗、文化、娱乐等。美国的居民服务类支出占比是 66.5%，我们国家是 47.3%，差距几乎接近了 20 个百分点，这些主要体现在医疗、教育、养老、文化娱乐等方面。

我认为中国服务业的国企改革落后于第二产业，其实我们的国有企业占比在服务业当中比在制造业当中超过一倍以上，金融业就更不用谈了，别的都超过一倍以上。最近有几个消息说中国联通 PPP 混合所有制试点开始，中国铁路总公司也将在 2017 年推出几万亿元的混合试改。服务业不单单是简单的服务业，飞机、铁路、运输、通信都是服务业，如果这些服务业都大量发展，对中国经济的发展一定会起到很大的作用。

看图 4–7 的 FDI 数据，即实际引入外资。中国在 2001 年加入 WTO，是一个非常重大的举措。当时的 FDI 基本上都投向了第二产业，80.8% 投向第二产业，而投向服务业的只有 17.1%。但是到了 2015 年 FDI 投向第二产业的比重还不到 35%，而服务业则提高到接近 65%。外资投向第一产业的非常少，投向第三产业占比很高。我想做一个结论，就是中国服务业要想办法进一步对内和对外开放。

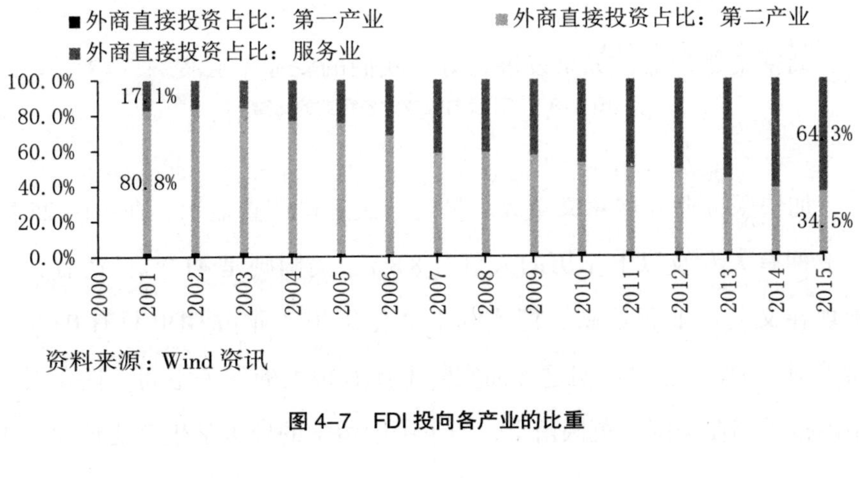

资料来源：Wind 资讯

图 4–7　FDI 投向各产业的比重

图 4–8 表示 FDI 投向服务业的各个行业的比重，比重高的就是我们开放的领域，比如房地产、批发零售、租赁、商业服务，但是在服务业还有相当不少的比重是教育、医疗、文化等，而这些领域对外开放不够，分别只有 0.03%、0.13%、1.07% 的 FDI，也是服务业供给侧改革应该重视的地方。今天不是要特别详细研究服务业怎么对外开放，我只是把数据给大家列出来，说明我们这方面行业的垄断、行业的壁垒是非常厉害的。这些是我们需要改革的方向。

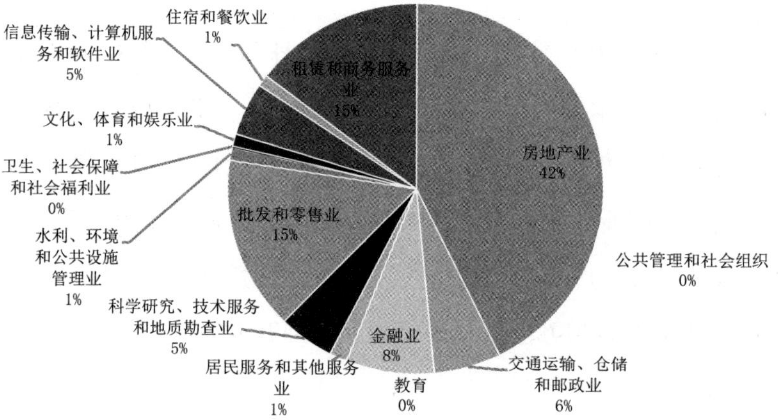

资料来源：Wind 资讯

图 4–8　FDI 投向服务业各行业的比重

加快服务业发展意义重大。最近一次人口调查显示，在中国 25 岁以上拥有大专及以上学历的人口有 8.8%，美国则是 41.9%。还有，中国现在文艺产业很活跃，但实际上文化娱乐产业占 GDP 只有 0.66%，而美国为 1%，这也说明这方面实际上还有很大的发展空间。现在很多中国孩子都在美国、英国留学，而来中国留学的外国学生就比较少。我认为教育行业、医疗、卫生、养老方面对外开放的步伐应该加快，制度方面的障碍应该消除。

六、深化改革释放服务业活力

推进服务业领域的供给侧改革，可以进一步提高劳动生产率，也可以进一步促进服务业的持续发展。扩大服务业对内和对外开放，近日国务院公布了《关于全面放开养老服务市场提升养老服务质量的若干意见》，现在我们政策都有，关键是要落地执行。服务业引进外资有利于缓解资本外流的压力，有利于人民币汇率稳定。现在如果都想着外资投进来就投到房地产是不大可能的，都投到第二产业的话可能已经饱和了。但是如果我们服务业对内对外开放能够进一步加快的话，将对我们的改革有非常大的意义，而且对外开放能给对内开放形成一个促进作用。当时制造业就是这么干出来的，就是先对外开放，对外开放以后，狼来了，之后与狼共舞，再往后自己就强大起来了，包括我们的汽车行业都是这样的。我觉得服务业也应该走这样一条路。

最后我想说，在美国是“再工业化”，因为美国的服务业占了 82%，而它的制造业只占了约 17%，农业更少只有 1%。而我们是倒过来，我们的服务业占了约 50%，制造业占了约 40%。所以美国的再工业化与我们国家的争服务业，表面上是同步的，实际上是对各自经济失衡的纠正。

其实具体的服务业改革是非常复杂的问题，每个行业有每个行业不同的问题，有教育、医疗、卫生、养老、仓储的问题，服务业有十几个大类，我只是把我的观点抛出来引起大家的重视，我们的国有企业改革不能单就考虑第二产业，而应该向第三产业发展，重视第三产业的改革。

金融政策转变

中国能否稳中求进

ECONOMY

金融周期带来“类滞胀”

光大证券　彭文生

一、金融周期接近拐点出现“类滞胀”

怎么看2017年的中国经济？有好多不同的视角，我讲讲自己的思路和故事，这个逻辑成立不成立大家可以批评。最近通胀起来了，很多人都在讲滞胀的可能性。我想讲一个观点，2017年我们面临着“类滞胀”的宏观环境。什么是“类滞胀”呢？一提到滞胀，大家很容易想到20世纪70年代西方国家的高失业和高通胀。我们不至于发生高通胀，增长下滑的幅度可能也不是那么大，但是2017年的趋势呈现增长下行压力、通胀上行压力的态势。为什么会出现这样的态势？应对这样的“类滞胀”有什么样的政策环境？未来的走势是怎么样？

如图5-1所示，2016年GDP的增长是平稳的，但是CPI通胀率明显上行，而且大家知道PPI通胀率更高。2016年的稳增长主要是靠房地产和银行信贷扩张，从经济周期看短期的增长是企稳了，但是金融风险增加了。把房地产和银行信贷放在一起看金融周期，往上是繁荣，房地产价格上升、信贷扩张，往下是房地产价格下跌、信贷萎缩。中国 2016 年金融周期继续扩张，风险更大了。经济周期“类滞胀”，金融周期继续扩大、风险增加，这两者之间有什么联系呢？我想讲的“类滞胀”，也就是经济周期的“类滞胀”部分反映了金融周期继续扩张的影响，这反过来可能成为促进未来金融周期往下调整的一个触发因素。

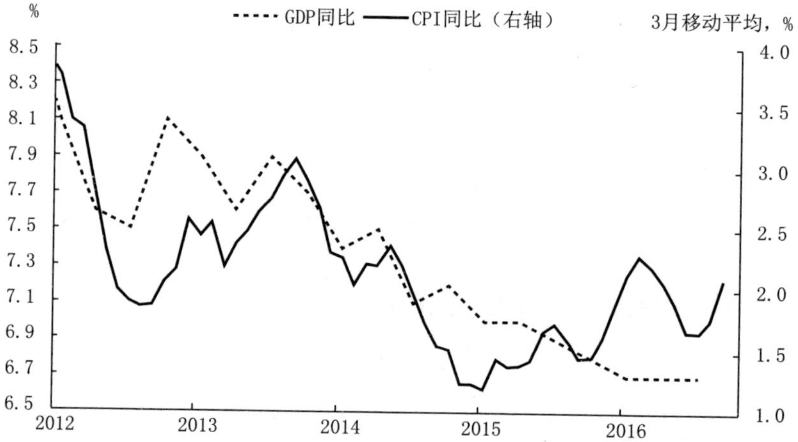

资料来源：BIS，CEIC，Wind

图 5-1　中国 GDP 与 CPI 同比

我们先看看历史，美国在次贷危机之前，在 2004 年至 2006 年也呈现类似的“类滞胀”情况，增长往下，通胀往上，美联储连续加息，最终导致房地产泡沫破裂（如图 5-2）。我们再看日本，在 20 世纪 80 年代末也是通胀上行，增长往下走，日本央行加息导致资产泡沫破裂（如图 5-3）。那么，中国会不会出现类似的情况呢？

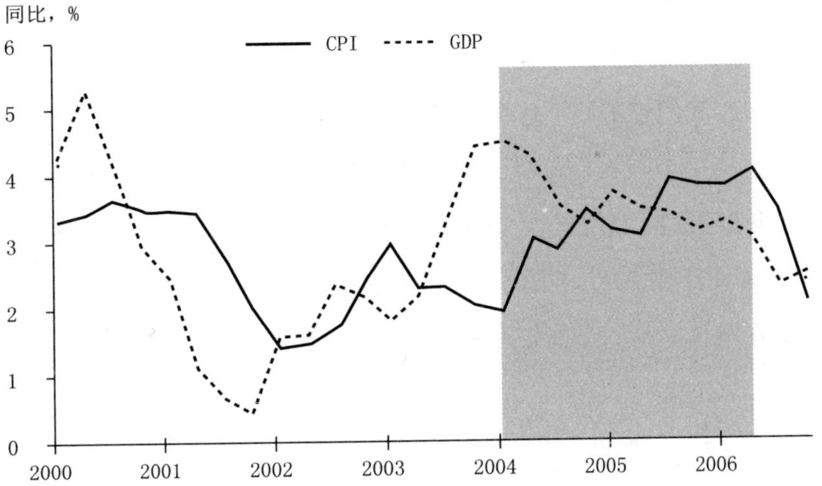

资料来源：Wind

图 5-2 美国 GDP 与 CPI 同比

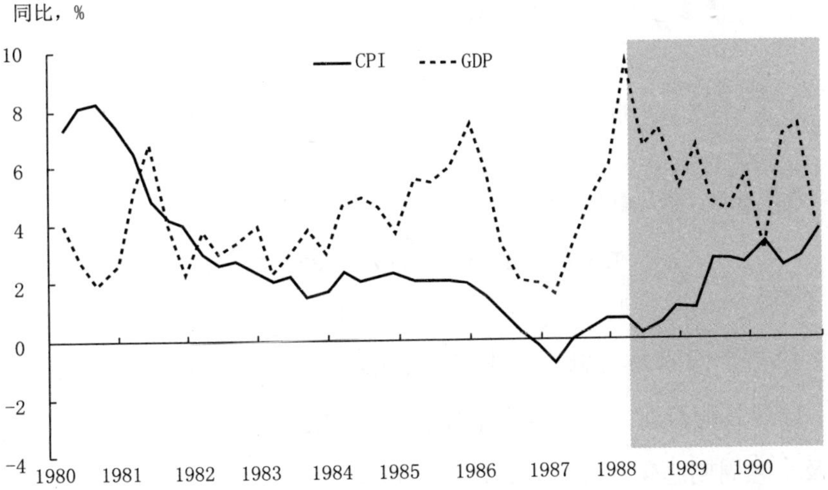

资料来源：Wind

图 5-3 日本 GDP 与 CPI 同比

二、“滞”从何来?

首先，我们想讲一下这个“滞”从何而来，经济增长的下行压力从何而来。第一个因素是人口，和金融周期关系不大，20 岁到 59 岁之间的劳动年龄人口，其增量在 2008 年达到 1500 万的高点以后，快速下行，这个增量预计在 2017 年低于零，也就是劳动年龄人口将进入负增长，这对潜在增长率是一个拖累因素（如图 5–4）。

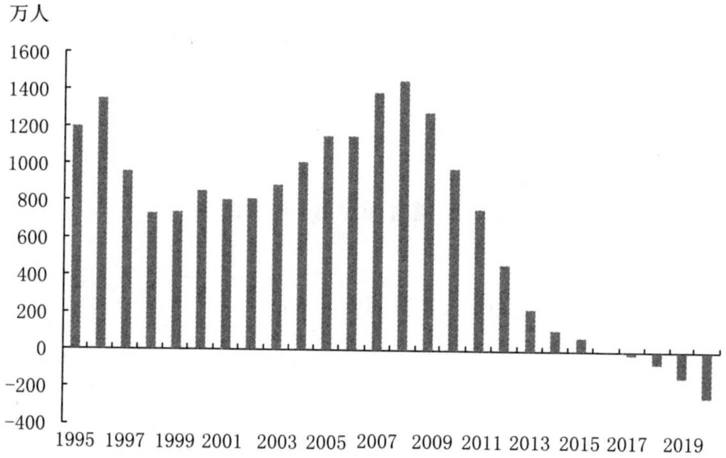

资料来源：联合国人口署

图 5–4　中国劳动力人口增量（20 ~ 59 岁）

第二个因素是金融周期本身的影响，包括三个方面，土地价格上升，导致其他行业的运营成本增加；金融和地产的过度扩张，占用资源；以及金融周期恶化环境污染，制约经济增长。

首先，为什么土地价格上涨会挤压其他行业呢？因为土地是一个特殊的生产要素，土地和一般生产性资本相比较，在空间上不可移动，时间上不可调整。举例来说，如果上海的汽车需求增加了，汽车价格上升，我们可以把其他地方的汽车进口到上海，我们甚至可以从国外进口，全球的汽车产能都消化了，超额利润会吸引新的资本投入，新建产能。因此，汽车行业的超额利润不可持续，竞争自然导致这个行业的超额利润下降，而这个竞争的结果是经济增长和人们福利的改善。但是土地不一样，上海的土地需求增加，不能把浙江的土地移过来，土地价格上涨所带来的地产行业的超额利润只能靠增加其他行业的运营成本来消化，降低了整个经济的效率。

第二，金融和地产的过度扩张，在资源配置中占有优势。我们看到好多主业不是房地产的公司过去10年涉足房地产行业，我把它叫“不务正业”，他们的总利润中房地产相关的利润明显增加，这都是社会资源错配的一个体现。国际清算银行（BIS）的一篇工作论文显示金融行业过度扩张对经济增长不利，是负面拖累。金融周期上半场就是金融行业和房地产相互促进而带来的两个产业的过度扩张（如图5–5）。

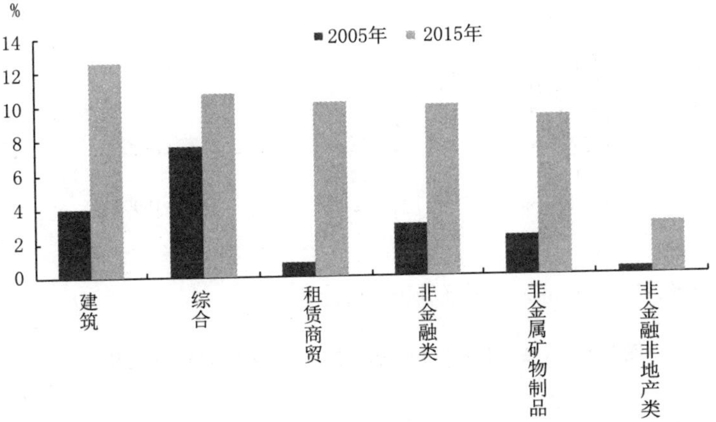

资料来源：Wind

图5–5 上市公司各行业的房地产业务占总利润的比重

第三，环境污染问题，治理污染在短期内拖累经济增长。中国的金融周期上半场和美国、日本同期比较，我们发现我们 PM10 排放总量和人均排放量都大幅超过他们，为什么？首先是中国在工业化过程中，他们在后工业化时期（如图 5-6）；其次是中国在城镇化过程中，一个重要的体现就是美国和日本的二手房交易占一手房交易的比例大大超过我们（如图 5-7）。我们房地产繁荣带来的主要是新建住房，相关的建筑投资拉动钢铁、水泥等高污染行业的扩张。这里不仅是城镇化对新建住房的住居需求，有不少是金融周期带来的投资需求，中国较高的住房空置率是一个体现。

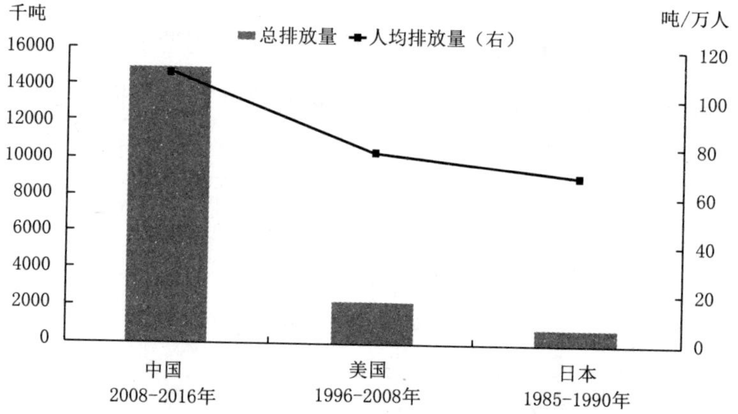

资料来源：World bank，光大证券研究所计算

图 5-6　中美日最近一轮金融周期上半场的 PM10 排放量

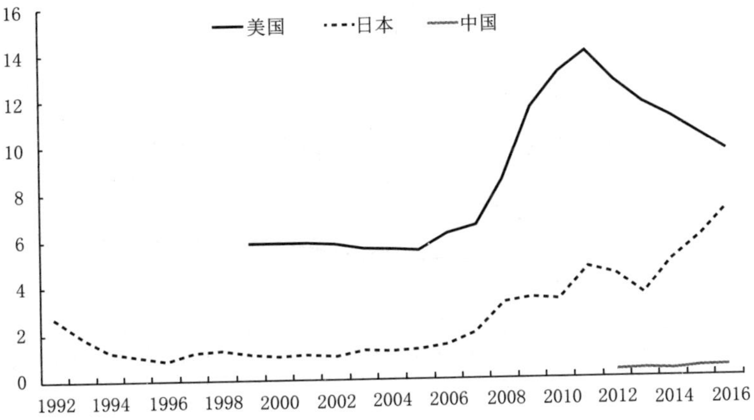

资料来源：Wind

图 5-7　二手房与新房交易量之比

还有一个渠道，金融周期加大了贫富差距，而我们的财政税收制度又缺乏调节收入分配的功能。比较一下中国和美国对个人转移支付占财政支出的比重，以及资本性支出，也就是投资占财政支出的比重，两者的反差很大。中国的贫富差距扩大以后，不能靠财政调节收入分配，那要靠什么稳增长？靠投资稳增长，投资拉动高污染行业。如图 5-8 所示，美国的可支配收入和市场收入，就是在财政税收和转移支付调整之前，美国的贫富差距在持续扩张，但是美国消费差距没怎么扩张。我记得前两年讨论《21 世纪资本论》的时候有一个观点说这不是问题，美国人的消费差距其实不是那么大，我们生活的目的不就是消费嘛，消费才给我们带来福利，财富是身外之物，既然消费差距没有扩大，贫富差距扩大有什么问题呢。美国消费差距为什么没有扩大？这是美联储的研究，美国的可支配收入差距没怎么扩大，这是由于它的财政调节收入分配起到了很大的作用。这都是我们现在面临的问题。

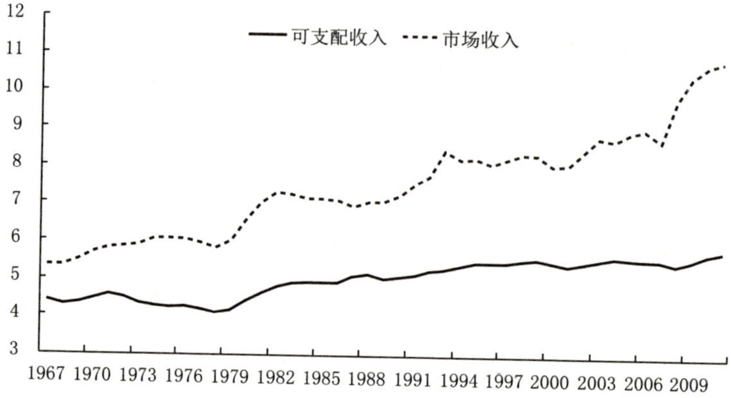

资料来源：Niedorf vasuals : Inequality, recessions and recoveries。市场收入是指工资收入、商业和农场收入、利息收入、股利和私人转移收入（包括赡养费和子女抚养费）；可支配收入＝市场收入＋政府转移支付（包括社会保障、失业保险和社会救济）

图 5-8　美国前 50% 与后 20% 收入者的收入之比

三、“胀”从何来？

通胀的压力从何来？在潜在增速下行的情况下，价格对需求刺激的弹性增加。还有两个特殊因素需要关注，一是隐性通胀转为显性通胀，二是环保压力推升价格。什么是隐性通胀转为显性通胀？中国的 CPI 低估了真正的通胀率，被低估的重要来源就是房租。我们的 CPI 是用房租来衡量住居成本的，而我们的自有住房比重非常高，达到 90%，租房市场非常小，流动性很低，没有代表性，大部分年轻人追求自己购房，房地产价格或者住房价格和租金之间的综合体才是真正的比较准确的住房成本的一个指标（如图 5-9）。这样的情况导致的结果是什么呢？是 CPI

住房权重被低估，同时住房成本的上涨率被低估，两个因素导致 CPI 的增长率低估了现实的通胀率。

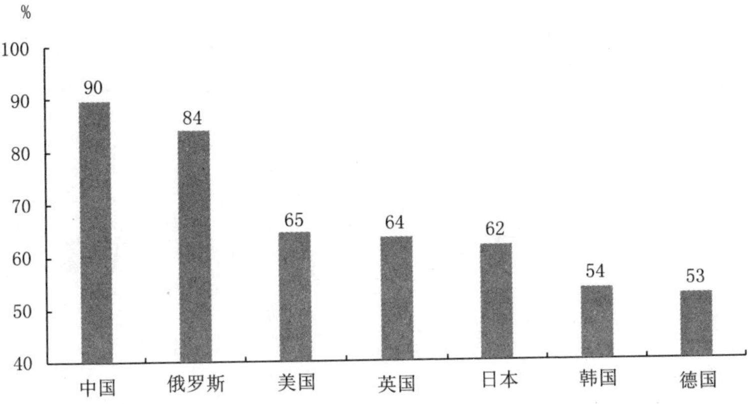

资料来源：各国统计部门数据，光大证券研究所整合

图 5-9 住房拥有率

那通胀被低估了，不代表房价没有上涨，它对经济的影响还是存在的，尤其表现在内部汇率上。我们谈汇率的时候，大家都把注意力放在外部汇率上，比如说实际有效汇率衡量贸易的竞争力，实际上有一个非贸易品比贸易价格的比率，一般被称作内部汇率，衡量的是非贸易品相对于贸易品行业的竞争力。包括房地产和相关服务业的价格相对于制造业等贸易品行业的价格上升，会吸引更多的资源配置到非贸易品行业。我们计算了非贸易品价格对贸易品价格的内部汇率，以及传统看重的实际有效汇率（外部汇率），这两者的走势在历史上是基本上一致的，但是最近分化很厉害，这就解释了为什么外部汇率在过去一年显著贬值还没有带来出口的明显改善，外部汇率的贬值改善了外部对中国出口的需求，但内部汇率的升值限制了出口在内部的竞争力，抑制了出口的供给。也就是说，内部汇率的升值增加了外部汇率的贬值压力，而外部汇率的

贬值带来以人民币计价的贸易品价格上升，促使 CPI 上升，这就是隐性通胀转为显性通胀（如图 5–10）。

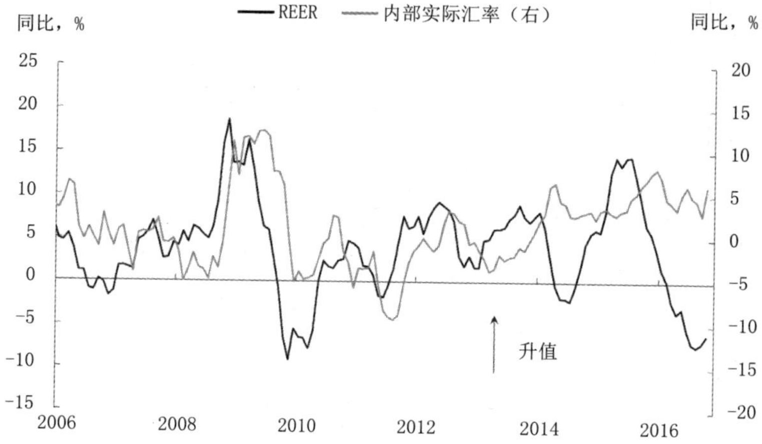

资料来源：CEIC，Wind，光大证券研究所测算

图 5–10　内部汇率升值的影响

第二就是环保问题。讲一个典型的例子，浙江省在过去一年多加大了对养猪场的清理，不符合环保标准的养猪场被清理，导致了生猪存栏量下降而价格上涨（如图 5–11）。过去一年多维生素的价格大幅度上升也和加强环境治理有关。我认为未来相当长的时间，可能越来越多的行业将面临这样的问题，环境保护将带来供给端的负面冲击和价格上升，也就是滞胀的效果。我对 2017 年的预测是，增长可能下行到 6.5% 左右，通胀有明显的上涨，最高 CPI 可能达到 2.7%。

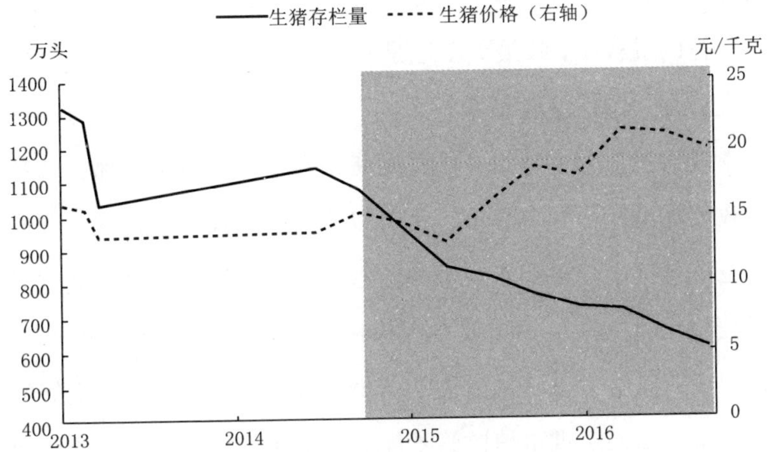

资料来源：华夏猪网，浙江统计局，光大证券研究所整理

图 5-11　环保对生猪价格的影响

四、2017 年宏观政策："紧信用"还是"紧货币"？

这对宏观政策有什么含义？我们看一下 20 世纪 70 年代西方国家对滞胀的政策应对。第一，那个时候西方国家的小孩多，年轻人口多，需求大于供给。第二，政府管制，金融压抑，导致资源错配。第三，贫富差距小，消费率高，储蓄率低，这都是导致高通胀的原因。在潜在增长率下行的过程中，美联储放松货币政策，刺激经济增长导致的结果是价格上升而不是增长上升。所以到了 70 年代末，美国的政策应对首先是紧货币，纠正之前错误的货币政策，再就是效率导向的税制改革，通过减税促进供给，最后就是放松管制，金融自由化。

我们现在的"类滞胀"和西方国家 70 年代的环境大不相同，首先是人口老龄化，需求和供给同时放慢。第二就是金融自由化带来金融周期的影响，也就是上面提到的机制。第三就是贫富差距导致的稳增长靠投资这样一个恶性循环的态势。在这样一种储蓄率比较高的情况下，潜在增长下行的过程中，政策更多地是刺激房地产价格，而不是经济增长。那怎么应对呢？紧信用还是紧货币？西方国家对货币和信贷分得比较清楚，货币政策就是利率政策，中国对货币和信用分得不是那么清楚。过去货币政策既可以是利率政策，也可以是信贷政策，但是现在开始有所区分，也就是货币政策和宏观审慎监管。我认为针对金融周期这样的情况，紧信用比紧货币更加重要，因为房地产价格和信用扩张相互促进，通过宏观审慎监管（也就是过去的信贷政策）紧信用可能是更好的政策应对。但是，如果宏观审慎监管不能有效控制信贷的扩张，货币政策就会被迫紧缩，利率将会上升。结构改革方面，我认为更重要的是公平导向的财政税收制度改革，我们要增加财政税收制度的调节收入分配的功能，当然还有房地产发展的长效机制、土地供应等。

最后，未来的调整路径是什么样的？我们要想一想，供给侧改革推动的几个方面，去库存、去产能、去杠杆，其实都是金融周期下半场调整必须经历的过程，也就是说，政策现在试图做的是在房价没有跌、信贷没有萎缩的情况下，有序地实现金融周期下半场的调整。这能不能实现？我们比较一下，美国、日本上一次金融周期和中国的情况，美国是发生金融危机了，房价下跌、信用紧缩、企业破产，所以供给和需求两端都调整，产能收缩，产能出清，对物价的影响相对比较中性，没有明显的通胀压力，也没有明显的通缩压力。日本当初的调整似乎是反过来，房价跌了，信用维持（没有发生大的金融危机），导致所谓“僵尸企业”产能没有出清，带来的问题是长期的通缩压力。中国现在是先去库存，先去产能，房价没有跌，信贷还在扩张，我认为导致的结果是，在有效去产能的情况下，未来一年通胀的压力可能超过所有人现在的预期。通胀的压力最终会导致政策紧缩，无论是信贷紧缩还是货币紧缩，最终可能导致房价下跌。金融周期下半场房价下跌、信用紧缩难以规避，只是路径不一样而已（见下表）。

表　金融周期调整的不同路径

	房价	信用	产能	物价	政策
美国	下跌	紧缩	收缩	中性	全面放松
日本	下跌	维持	维持	通缩	全面放松
中国	上升	扩张	收缩	通胀	先紧后松

找回人民币丢失的“锚”

天风证券　刘煜辉

2017 年至 2018 年，对于中国来讲，没有什么悬念，只有一件事，要找回丢失的人民币定价的“锚”。2016 年中期就曾经讨论过，能不能花 18 个月时间从根子上稳住人民币汇率愈发严重的贬值预期。现在看来，比想象的要难，时间上恐怕也要显著超出。

我在这个系统中也混了十几年，以我个人过去十多年的政策经验，深知这个系统的特点：不撞南墙不回头。这样一个利益强大的系统中，想要出现一个自我意识的觉醒过程，概率极低。但凡边际条件还能够回头的话，一定会有“苟且”发生。这回之所以下了这么大的决心、义无反顾地来做，反过来看，恐怕一定是碰到南墙了。研究者总希望用一系列指标来探轶这个系统的临界点，往往都莫衷一是。没有什么比反证法更灵的了，因为只有研究开船人的态度才能真切地感受到南墙的存在。

2012 年以来最大的变化是人民币资产的价格。虽然同是 6.8 的汇率，但资产价格恐怕早飙升到天上去了。上海 2016 年中期拍的那个地王，七八个篮球场那么大的一块地拍110亿元人民币，按照当时官定汇率6.7折成美元，在美国、日本、欧洲能买什么东西大家都清楚。日本东京银座核心商圈的公寓单体价格也就6万元人民币/平方米，在中国对等物业标的价格可能要翻倍。

如果将经济分为可贸易品部门和不可贸易品部门，实际上也反映了资源在这两个部门错配已非常严重。今天中国的核心问题是不可贸易品对可贸易品的相对价格已经非常离谱，即内部实际汇率（internal real exchange rate，IRER，也就是内部非贸易品与贸易品的相对价格）大幅升值。大量的资源要素都被吸收到不可贸易部门来创造泡沫（地产和金融交易繁荣），可贸易部门、有效率的部门、制造业等受到越来越严重的挤出。从而压制出口利润，侵蚀其科研能力，影响制造业的竞争力。

今天人民币汇率的问题事实上宣告了过去10年的金融改革路径的失败。2009年后，为了对冲经济下行的压力，中国试图“大力发展金融创新，用金融创新去引导实体经济的转型”，试图用金融自由化推动的货币宽松来降低实体经济的成本，最后却走出了挤塌实体、动摇货币定价的负向反馈路径。实验宣告失败。由此带来的金融泡沫和资产泡沫所产生的挤出成本，远远超过了降准降息和无序的金融自由化所带来的融资成本的下降，最终损毁了本国货币定价（汇率）的根基，把人民币对内定价的“锚”都给丢失了，这就是中国过去所经历的5年，也是我们今天为什么要义无反顾地抑制金融“炒来炒去”的繁荣，尽管前方的路可能已是在“钢丝上的舞蹈”。

2016年7月26日，中国的宏观政策事实上发生了重大转向，政治局会议第一次提出了“抑制资产泡沫”。随后我们看到宏观政策非常明确地指向两个方向：第一是快速冷却房地产部门的资产创生速度，第二是全面清理金融内部交易性资产创造的繁荣，即金融降杠杆。

金融去杠杆的刀锋又杀向了两个方向，一是债券泡沫，二是一、二级市场联动的“资本游戏”对接的各种复杂的配资交易结构。过去青青的草哪儿最肥美，哪儿就是杠杆的栖身之所。臃肿的交易结构的清理所带来的压力将长时间地在金融市场中蔓延，你现在可以理解了吧，债为什么崩跌如斯，中小股票为什么漫漫“熊途”，风格就是转化不了。

稳地基，还是稳增长？2017 年经济工作会议的语境虽然还是“稳中求进”，但这个稳的内涵可能已经发生了大的变化：稳地基。寻找人民币对内丢失的“锚”。

我们正在经历的是：一个泡沫收缩的时间，一个由虚回实的过程，一个重塑资产负债表、重振资产回报率的阶段。这是我们认知今天正在发生的，以及未来一段时间将要发生的一切的基础。

下面我展开谈几点 2017 年市场比较担心的几个问题。

一、“楼市不拐，滞胀不止”

第一个问题是宏观形态的判断。从数据上看，2016 年是典型的滞胀。工业增加值非常平，基本上就是 6% 附近上下波动 0.1%，但是价格因素却出现非常大的变化。PPI 从 –5 状态拉到 +5，2017 年第一季度可能会超过 6，落差有 10 个点以上。CPI 虽然温和往上翘，幅度不高，但是大家也清楚中国 CPI 的弊端，它传统上不太能反映房价和与房价相关联的服务品价格的上涨（如图 6–1）。从房价看，2015—2016 年这波惊人地上涨，一线城市的涨幅比 2013—2014 年的高点要高出 50%，二线城市也高出 20% ~ 30%，三、四线城市基本上和 2013—2014 年的高点持平。所以经济中价格因素实际上发生了很大的变化，但是经济增长的动能羸弱，这两者搭配在一起就是典型的滞胀。

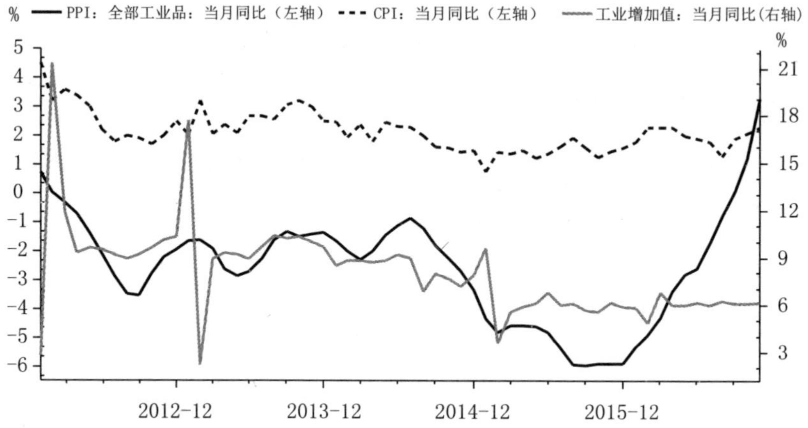

数据来源 :Wind 资讯

图 6-1　滞胀的典型形态

滞胀在经济学的框架中去理解，其实很简单。就是经济中存在某种非健康的力量，对经济中健康的部分、有效率的部门形成越来越大的挤出。这种力量既可能是外生的，也可能是内生的。外生的比方说油价、农产品价格上涨，例如 20 世纪 70 年代两次石油危机对西方经济的外生冲击。内生通常讲的就是金融泡沫和资产泡沫。金融泡沫、资产泡沫对经济中的可贸易部门、制造业、有效率的产出部门等，形成越来越大的挤出，经济系统中发生了严重的资源要素的错配。大量的资源要素被吸收到生产率更低的不可贸易部门去制造泡沫，可贸易部门获得资源要素的成本越来越高，宏观的结果就是供给侧出现下坠，就是我们常讲的潜在增长水平下移，供给侧下坠与靠资产泡沫和金融泡沫支撑的总需求之间，向下撕裂出感觉特别不好的正向产出缺口，这就是理论上的通货膨胀：滞胀。如果从这个机制认识中国经济的话，从2011年开始，我们隐隐约约就已经进入了这种状态之中。因为从2009年开始，我们先后3次对房地产部门进行了“苟且”来对冲经济下行。2009年第一次，2012—2013年第二次，2015年下半年到2016年第三次，3次“苟且”最后做成了一个天大的金融泡沫和资产泡沫。

为什么2016年之前这个机制的负效应没有从数据上明显地表现出来呢？因为我们从2011年开始，三四年时间进入了全球大宗商品和能源的周期性熊市。每年中国从这个熊市中间获得数千亿美元的衰退性顺差（红利）的补贴。某种程度上中和了负向效应显性化的过程，延迟了滞胀效果的出现。

但是2016年不一样，需求端上我们第三次对房地产部门进行“苟且”，在供给端我们又推出行政去产能、压产量。供给和需求形成明显的剪刀差，这一把价格就压不住了。地产“苟且”是源头，行政去产能相当于添了一把柴，使得这种感觉一下子从隐性到显性。

现在市场担心的是，2016年显性化滞胀在2017年会不会持续。

从内部滞胀的因素来看，我个人持比较乐观的态度。因为我们这一把对楼市的调控，这一把对金融和资产泡沫的挤压，从我感知的信息判断，决策异常坚决。

开篇我就讲过了，中国经济这回可能真是被顶到临界点上了，这个体制就是不撞南墙不回头，遇到了一个绕不过去的“劫”，这个“劫”是什么？就是本国货币定价的基石受到严重损毁。长时间的金融杠杆和资产泡沫膨胀将“人无贬基”的地基给泡垮了，房子有了坍塌的风险，汇率出问题了，楼市有可能成为压垮人民币汇率的最后一根稻草。所以这一次房地产调控从做出决策到执行力和过去18年中历次房地产调控都不一样。

过去 18 年，人民币一直延续着大的升值周期，还没真碰到过临界点，所以我们每一次遇到经济下行时都有拿房子回头“苟且”的本钱，你看之前历次房地产调控，首先部委之间打嘴战就得吵半年，之后通胀真正起来了才会有一点点强硬的收缩措施出来。

但这一次你看，国庆节前后不到 20 天的时间内，我们史上曾经使用过的最强硬的行政手段，第一时间全部做下去，就是一竿子捅到底，彻底要把这个市场的流动性打掉，简单讲就是不让你买了，抑制货币信用向那个方向流动，抑制你这个领域的资产创造的速度。那天谁讲，央行的年终工作会议上，领导讲这把房子还不拐头，最后一招就是把商业银行按揭全停了，不要做房贷了，全都停了。

我个人判断，房子实际上已经进入了“闷骚”状态，就是流动性耗散，这一把房子都到了老百姓手里，老百姓在国民经济四个部门中间又是一种硬约束部门。简单讲，老百姓手里有房子就像散户买了股票一样，如果这个家庭没有失业，恒常收入还在，他一般是不会进行资产抛售清算的，尽管家庭的资产负债表在受损。

所以现在这样的一种状态，价格上大家看着很平稳，我觉得是可以理解的。毕竟过去 18 年房子只涨不跌的神话，惯性极强，长程记忆深入人心，而且过去 18 年每次遇到经济下行风险的时候，政策都会找房子“苟且”来对冲，这个政策惯性给大家的印象非常强，而且惯性会持续。但是流动性耗散的状态一定会有一个资产重估的过程。从散户的角度来讲，一年不行，一年半，一定会有越来越多的失忆者从房价中往外“爬”出来。金融信用环节对于房子流动性耗散的重估可能更快，因为房子是我们金融信用投放最重要的抵押品，我们实际上每天都会面临资产流动性耗散的评估，比方说 2016 年的房子抵押七折贷款给出去，2017 年流动性耗散状态我就会考虑进去，抵押可能只能放五折的贷款，这就是金融信用的收缩。

一个被打入“闷骚”状态的市场，光靠长程记忆，价格能够撑多久？这可能是我们认知2017年最大的逻辑起点。“楼市不拐，滞胀不止”。复杂与简单或一念之间，顺着这个逻辑推演：我们或能在2017年见到一个胀缩切换的场景，所谓“胀若烟火，烟花易冷”，我们或能见证2016年所谓的周期复苏其实就是一场幻灭。

宏观经济学有两句名言。一句是“滞胀是经济周期的回光返照”，另一句是“滞胀之后是萧条”。第一句我同意，经济通向临界点的前端恐怕就是那种最糟糕的状态“滞胀”。第二句我觉得倒未必，可能完全看你是否能选对一个正确的政策组合。选对了，完全有可能避免萧条，或者能很快走出萧条。

从内部政策选择来看，我个人感知是乐观的，因为中国现阶段“胀”的机制其实就是房子的“胀”。资产泡沫和金融泡沫对产业部门形成了很大的挤出，挤出了一个“胀”。如果你把房地产部门资产创造快速冷却下去，这个“胀”要形成很强的趋势就不太可能。

但是2017年隐约最大的不安还是来自于外部：外生通胀。2016年的12月份我们开年会的时候，我就讲了这个问题，最大的隐忧就是油。外生通胀你控制不了。推高油价某种程度讲和特朗普未来全球战略利益的调整有很强的暗合性，可能是瓦解中国全球战略的一张牌。油价上去了，俄罗斯的财政和经济就会缓口气。石油国家和能源国家的经济和财政都会缓过来，和中国的离心力自然就会增强，因为我们和他们又没有什么意识形态、历史文化和价值观的认同，某种程度靠的就是过去几年商品和能源的熊市，我们收获衰退性顺差，将其转化为资本输出对外投资，然后把他们笼络在我们所设想的全球新秩序的框架内。我个人感觉特朗普有打这张牌的可能。唯一的制约来自美国经济对70美元/桶以上的油价的承受能力。油如果从 50 美元 / 桶上升到 70 美元 / 桶或以上对中国是什么样的情况？

如果过剩的金融资本再冲击一下中国对外依存度很高的某些农产品的话，如大豆，大豆价格上去了，豆粕就会涨，豆粕是猪饲料，如果和中国的猪周期形成某种共振？大家可以看一下现在的猪粮比例，整个养猪业，最近几年的集中度发生了很大的变化，散养率下降很大。集中度提高的产业结构更容易传导为成本上升的因素。

输入性通胀起来，我们将非常被动，我们资产泡沫的调整刚刚开始，泡沫远没有落地，决定了产业部门净资产收益率（ROE）的恢复注定也是一个缓慢渐进的过程，经济新的动能很难快速出现，面对这样的组合，你的宏观政策是紧还是松，非常的尴尬，怎么办？

2016 年的滞胀是因为我们内部对房子再次“苟且”出来的，2017 年则可能是外部输入，使你的滞胀进一步显性、持续。

滞胀，金融投资做何选择？就是 4 个字：“关灯吃面”。权益、债无非就是谁跌得多、跌得少的问题。2016 年 12 月以来，其实大家心里都明白，股、债、汇三杀出现过好几回，只有一个逻辑预期在形成，大家不愿说出口而已。外生通胀正在往里面传输，成为 2017 年投资最大的威胁。

二、找回人民币定价的“锚”？

第二个担心的因素就是汇率，前面我也讲了中国的经济遇到了一个绕不过去的坎，本国货币定价的基石受到长期的金融泡沫和资产泡沫的冲击损毁严重。人民币定价国内的“锚”已经丢失了。地基损毁，房子就有坍塌的风险。

2012 年以来中国最大的失误在于：国企不改革、财政不改革，经济中到处都是软约束的主体的条件下，金融自由化单兵突进，商业金融系统理论上存在的货币信用创造的无限性被释放了出来，这就是“洪荒之力”，金融交易性资产创造无序繁荣，资产泡沫终以冲击本国货币定价而呈现出巨大的灾难性。

长时间金融混乱之后，一个个能够提供收益的非实体领域的资产陆陆续续都被玩坏。期限利差被抹平，信用利差被抹平，甚至可能把流动性溢价差也抹平，资产的风险 / 收益的性价比变得越来越差，同时耗损的是产业资本，一天一天地被金融资本所挤出。

我们试图靠体制所特有的“制度管制”来维持着这种扭曲（关门放水泡资产）。但越管制越资产荒，越荒越不进实体，大水漫灌债市和楼市，疯狂消灭一切收益率差。当境内外利差压缩，资产价格裂口发散时，最后必然面对的是资本外流。表象上看整个商业金融系统正在经历越来越严重的所谓资产荒，但硬币的另一面，问题的实质是本国货币定价的基石被毁掉了，正在累积越来越严重的贬值压力。

今天汇率和资产的严重背离已经是一种客观存在，但这个信息对于金融交易来讲已经钝化，因为无论是交易者还是政策决策者心里都特别清楚，我们实际上已经失去了让人民币汇率与资产价格快速修正偏离的时间窗口，我们已经没有办法使汇率和资产这两个变量在短时间内实现“接吻”，如果要短时间内“接吻”一定是危机反应模式，这是宏观决策者不允许的，要尽力避免的。短时间内完成收敛而不成危机，基本上是没有可能的。现实中也没有办法。

交易者真正关注的是，如何不要让这种严重背离滑出体制控制的“轨道”，我们是不是还有这个能力，将这种严重偏离导入一种“时间换空间”的轨道之中，让时间慢慢地去熬，去找平稳地解决问题的方法。2015—2016年所发生各种事件不断地冲击着交易者对于这个体制的“信任”，比方说楼市失控，房子差一点成为压垮人民币汇率的最后一根稻草；比方说金融杠杆交易的亢奋和无序繁荣，2016年1—10月，银行对非银行金融机构的净债权在2016年的净增加居然达到了10万亿元以上，这个有点自杀式冲锋的味道，这种通过同业负债的方式，以期实现“弯道超车”式的资产扩张，导致了商业银行与央行之间、城商行和大型银行之间、银行和非银行机构之间，存在巨大资金裂口，只要央行略微紧缩一下流动性的投放，市场立刻就会“血溅五步”；再比方说想在国际货币市场一次性集中释放汇率贬值的压力，所有种种都有可能导致失控出轨，列车倾覆。这些都是今天我们市场所面对的重大风险。

偏离已经这么严重的变量该怎么调？当然最简单的办法是，如果能在国际货币市场单方面释放汇率贬值的压力，这是最省事的办法，但是现实的情况你能办到吗？中美G2格局是一个无法回避的“镜像互补”（贸易分工—金融分工）的结构，两个十万亿美元的超级经济体合在一起，甚至超过全球总量三分之一，而且未来还会继续上升。中美两个国家像这样水乳交融和利益攸关的关系，在人类经济史上从来没有出现过，即便当年日本最牛的时候也没有。这样的结构决定了人民币和美元之间事实上仍处在一个货币同盟当中，想脱钩事实上也脱不了。

2016年人民币汇率逐步建立了类似于一种参考双“锚”的机制，可能会常态化，这是两个超级大国博弈下来的结果。美元和一篮子货币，谁弱，人民币就和谁保持相对稳定。

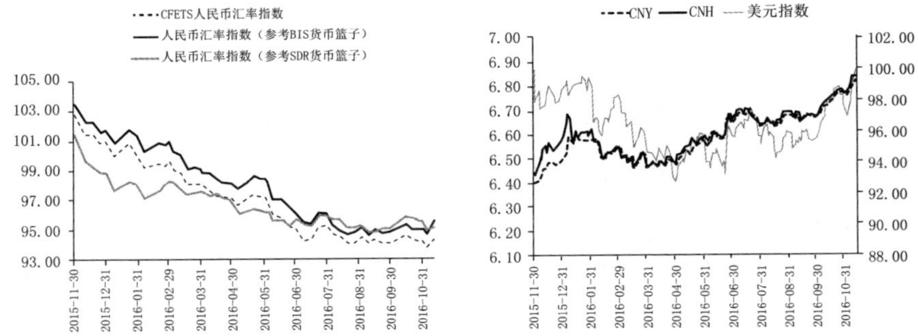

图 6–2　人民币双“锚”参考机制

2016 年 1—5 月，美元弱，人民币更多盯住美元，所以篮子货币贬值了 6%。6 月以后，英国脱欧，美元逐步走强，特朗普上台后，美元更强，这时候人民币和美元发生了脱钩（汇率 6.5 ～ 7），但这种脱钩显然是受到货币同盟强约束的，也就是说当全球货币都对美元贬值的时候，中国必须起到掩护殿后的作用，必须走到最后面，让其他人先贬值，所以你的篮子货币就只能横爬，保持稳定，意思是什么呢？人民币和美元看上去贬值，但是人民币和其他货币要保持升值状态，这可能是另一方能够接受的底线状态。

当然中国最希望看到的是，美元能不能结束这种“特朗普式”的强势，休息一段时间。如果美元出现一波弱势的调整，人民币和美元勾在一起，能带下来，多少释放一点贬值的压力。最担心的是美元一直强，冲 110，中国会很难受，因为人民币和美元是两头大象。当全球其他货币都对美元贬值的时候，你这头大象怎么能抢跑道，怎么抢得过豺狼虎豹。你贬 3% ～ 5%，人家一下子 15% 下去了，就全乱了（如图 6–3）。

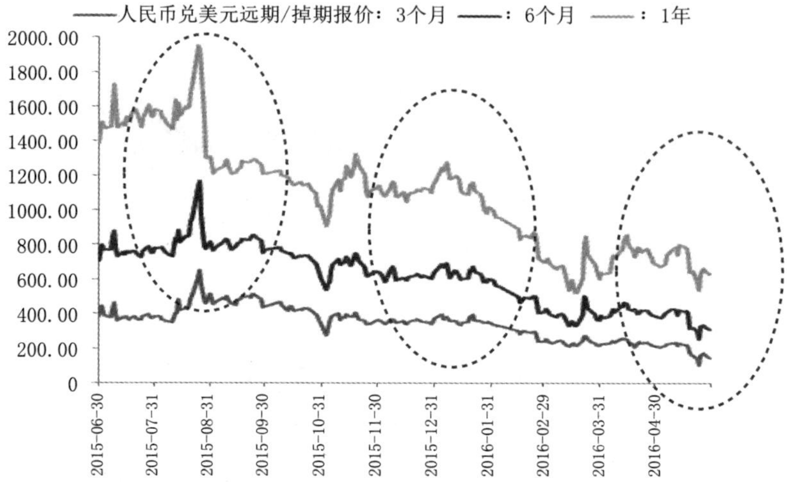

图 6-3　人民币和美元处在一个货币同盟中

我们也曾经想过抢跑道。2015 年 6 月，我们股灾泡沫破裂的时候，当时人民银行就已经感到汇率和资产价格有点“笼不住”，想调，但是当时没有政治背书，不敢回头去戳自己经济的痛点：资产泡沫和货币信用的无序扩张，想省事偷偷释放。所以接下来我们就有 2015 年的“8·11”汇改和 2016 年 1 月 4 日的汇率闯关，但众所周知，这两次闯得乱七八糟，巨大的全球外溢性反应，才有了后来的 G2 背后协调。这条路走不通。

所以我们可以理解为什么 2016 年 7 月 26 日，政治局会议做出了重大的宏观政策转向的决定，要抑制资产泡沫，撞了南墙才会回头的，我们没有路可以选了，我们只有这条路，中国只有把政策的矛头指向国内的金融泡沫和资产泡沫。只有压缩它们，才能把人民币对内的“锚”重新找回来，才能重新稳定已经快塌陷的本国货币定价的地基，这就是我们政策的选择。

三、“钢丝上的舞蹈”

这就引来了市场担心的第三个问题。既然决定了金融去杠杆、泡沫的话，就会给金融投资带来一个困扰，我们会不会迎来系统性风险，至少一个局部，或者是某一个时间段释放的过程，这种释放会不会给风险偏好和风险溢价带来显著的冲击。

2016 年 10 月 24 日以来的债市大跌，6 个交易周时间把过去两年半的债市升幅全部跌掉，可以看出套利交易结构所累积的市场脆弱性多么严重。前段时间有领导问我金融去杠杆的效果。我说，第一阶段基本达到了效果，极端不健康的“央行信仰”和“央行绑架”被打破了，利率升上来了，套利的交易机构惶惶不可终日，恨不得赶紧脱离苦海；但第二阶段才是真正复杂的技术活，我们要保持整个市场合理流动性、金融杠杆解构，以及更重要的是要为未来构建严厉的金融监管体系来约束影子银行的信用创造，这三者需要寻求平衡。金融杠杆解构过程，本身就是货币信用消失过程，没有紧的感觉是不可能的，没有痛苦是不可能的。客观上讲，这是一场“钢丝上的舞蹈”。债券去杠杆只是金融系统杠杆清理的万里长征的第一步，后面非标的融资里还存在更为复杂的杠杆结构，比方说各种灰色的抽屉协议，比方说所谓一、二级市场联动“资本游戏”对接的各种配资的交易结构，里面杠杆非常高。

从规律上讲，要真正打破刚性兑付、道德风险的信用文化，启动一个系统风险释放过程是回避不了的。简单讲就是要弄死几个典型，杀鸡儆猴。央行研究局徐忠局长最近有个讲话，我觉得理解上是非常到位的，他说中国的金融安全不是靠“保”出来的，每当要出事时，总派出几个“白衣骑士”去灭火，把问题盖住是不能解决问题的，以后会造成更大的问题。这就像人的亚健康状态，身体有湿毒，不能排出，总靠药物去压制，久而久之湿毒淤积会把任督二脉都堵死，到那时就是病入膏肓。

金融去杠杆、去泡沫需要有排毒的过程，需要定向爆破。当然这个过程不一定发生在2017年，但从规律上讲是避免不了的。

市场应该还有一个需要担心的问题。就是特朗普到底能做多少，能走多远？如果特朗普真的执行力非常强，能落地的话，我们或将面临一个非常明确的美元的紧缩周期，这对于中国在某种程度上来讲是致命的，毕竟我们前面犯了那么大的错误，浪费了那么多时间，真正一个30年、40年趋势改变的力量出现的时候我们会感到非常不舒服。这个问题我不想多讲，因为我们对此很无奈。

我们能够做的是义无反顾地坚定地去找回我们已经丢失的“锚”，我们需要和特朗普抢时间。

四、2017年，只能向前看

最后我想谈谈我们讨论过的一些设想。有人说，我们驱动家庭部门（中产阶级）加杠杆，去帮房地产去库存，来为国接盘，给未来的经济转型（投资—消费）造成多么大多么大的损害，但沉舟侧畔，历史已经翻篇，我们永远不可能设想再重新选择。的确，我们当初如果通过政府部门加杠杆帮房地产部门（企业）去库存，将库存直接转化为公共服务品（比方说公租屋）供给家庭，会是一个什么样的场景？

但我们被一个强大的利益体系裹挟着走到了今天，怎么办？只能向前看，尽可能走好后面的路径。

我们应该看到，经过这一把家庭加杠杆接盘，房子库存（另一种存在的形态是地方政府的债务）都转到了居民手里，这和2013—2014年场景完全不一样，那时房子库存都积压在房地产部门手中，风险对接的是地方政府的“财政悬崖”，房子库存积压意味着形不成地方政府的各种收入，而当时支撑这个结构的是所谓的影子银行系统，高息短期的庞氏债务，每隔 18 个月都会有巨大的债务链断裂的压力，所以当时资产抛售价格暴跌的隐患是比较大的。但现在不一样，居民是硬约束部门，这意味着楼市泡沫接下来刚性破裂的概率已经变小。老百姓手里有房子就像散户买了股票一样，一般是不会进行资产抛售清算的。

然后可以通过结构性公共政策选择将房子变成一个摩擦力很大的市场，改变这种资产的金融属性（用文件的话来讲，就是“房子是用来住的，不是用来炒的”），让流动性溢价耗损在漫漫时空中去重估，闷骚—阴跌—财富缩水—货币消灭，这可能是给房价设计的路径归宿。

家庭的储蓄以及它所承载的杠杆是转移出来了，我们不能让这转移出来的部分重回房地产领域变成再次的库存堆积，也不能让它进入金融和资产交易环节去制造另外一个泡沫。

所以当下的政策取向，抑制房地产部门的资产创造、抑制金融交易性环节的活动、显著降低金融交易的收益率、抑制债务信用创造，希望减少挤出，让产业资本 ROE 能止跌回稳转升，倒逼并创造条件（有深度、有广度、能融资的资本市场）来支持金融资本与产业资本的深度融合（权益）。

当然要想产业资本 ROE 能更快更显著回升，光靠减少挤出还是不够的，还是要推进改革，来推动分配结构从政府向私人部门大幅度地转移。比方说财政政策要从投资转向为企业服务，为企业减负、减费，帮助企业降低成本；比方说让劳动力市场变得更加流动，提高劳动力的使用效率。

以上种种都是为了来重构人民币汇率稳定的基石，找回丢失的“锚”。

金融政策四管齐下支持经济稳中求进

交通银行　连　平

2017年，全球经济复杂多变，美欧经济犹如栖身于"黑天鹅湖"中，不确定性骤然增多。鉴于房地产投资回落，制造业投资低位徘徊和出口前景不明朗，2017年中国经济仍有一定的下行压力。如此复杂的外部环境和内部运行状态，尤其需要加强宏观管理和调节，针对性和有力度的政策至关重要。在此拟就信贷政策、货币政策、汇率政策以及国际收支政策谈些看法与建议，主要的思路就是金融政策多管齐下，更加有效地支持经济稳中求进。

一、信贷政策应保持审慎并提高针对性

2017年，信贷政策应平稳和审慎，增加针对性。从运行数据来看，2016年信贷增速并不快，比2015年有所回落。但如果考虑了地方政府债务置换所带来的信贷投放，实际增速可能达到17%。在2017年如果

继续以这样的实际增速来投放信贷，与整个经济运行的许多要求是不合拍的，比如说降杠杆、抑泡沫、防通胀等等。所以在2017年对实际信贷的增速做一定程度的调控很有必要。

2016年信贷政策的针对性要进一步加强。应加强经济运行中许多迫切需要金融支持领域的信贷投放。包括供给侧的结构性改革，一带一路，国家战略规划中明确的新兴产业，重点制造业等等。与此同时，房地产领域抑制房地产泡沫，并不是停止所有的开发贷款和按揭贷款，对房地产中合理的需要仍应给予信贷支持。中央经济工作会议已经非常明确，对于那些自住性的，包括首次置业和改善性的需求应给予支持。但对交易性、炒作性的信贷需求则坚决不给予支持。对此，不仅是不给予加杠杆，而且还需要在某些方面采取相关的措施加以抑制。

二、货币政策稳健中性，增加灵活性

2017年货币政策基调已经明确，中央经济工作会议定了四个字：稳健中性。我认为在稳健中性的基调下还应该增强它的灵活性。灵活性之所以要明确地提出来，是因为世界经济在2017年将复杂多变，美国的对外经济政策充满攻击性和挑战性，欧洲犹如一个“黑天鹅湖”；中国经济也比前一阵的状况要复杂。复杂在哪里？即对于货币政策的需求来说，既有放松的需求，同时又有收紧的需求。从稳增长和保就业这个角度去看，似乎货币政策稍微宽松一点为好，但如果从抑泡沫和稳汇率以及平衡资本流动的需要来看，似乎货币政策紧一点好些。一线和部分二线城市的房地产泡沫明确地给了我们警示，杠杆率偏高。近期PPI的升幅非常迅速，在2017年年初PPI可能会涨到6%甚至更高。CPI也在稳步上行，2017年物价水平将明显跨上一个台阶。这种情况下，需要我们的货币政策高度灵活，针对实际运行而变化。如果国际环境出现急剧恶化，可能货币政策还需要一定程度的松动。如果国际环境相对还比较平稳，货币政策可能需要向偏紧方向进行调节。因为在房价泡沫进一步扩大、物价水平大幅上升、人民币贬值压力更大的情况下，需要货币政策适时向偏紧的方向做些微调。近期市场上有一种声音认为准备金率还应下调，恐怕这个观点或者说建议与现在实际的政策需要和整个大的环境来看是不匹配的，甚至于是相悖的。

三、人民币汇率波动幅度控制在合理区间

人民币汇率的波动幅度应控制在一个合理的区间，而不应该持续大幅度的贬值。汇率有波动是正常的，出现贬值也是正常的，但在短时间内出现持续大幅度的贬值，对整个经济体却是有害的。因为贬值会通过信心持续走弱的方式，抑制境内投资与消费。当下很难说有一个合理均衡汇率为各方所能接受，在此情况下，我们只能在推进过程中逐步认清怎样的汇率水平才是合适的。而市场始终存在着非理性的预期，因此放任波动，甚至于所谓“一贬到位”，往往会使汇率超调，带来市场汇率非理性地大幅震荡。短期内人民币出现持续大幅度的贬值，整个经济体是难以接受的。事实上在其他金融和实体经济领域，价格出现大幅度的波动也几乎都是难以接受的。比如说股市短期内持续暴跌，投资者必然遭受巨额亏损；比如说房价暴跌可能会使整个经济体感受到巨大的压力，这也都是难以接受的。在经济持续存在下行压力、国际收支逆差和美联储加息的环境下，人民币存在贬值压力和预期并不奇怪。现在的问

题不在于贬不贬值，只是在于贬值怎么能够控制在一个合理的幅度内，能够让整个经济体在运行过程当中逐步加以接受。当然这种做法跟一次性贬值到底的做法相比也有所谓“温水煮青蛙”的问题，但总体来说这种风险相对要小一些。在现有的条件下，“两害相权取其轻”是有些无奈，但也是理性的政策选择。

因此2017年应控制人民币的贬值幅度，让它在一个比较合理的范围内进行波动，具体来说就是在金融资产平均投资回报率上下。为此应实施相关的有针对性的政策和措施。在岸市场，可以通过资本流动的管理，主要是规范和加强调节外汇需求来影响汇率。与此同时，推进相匹配的预期的指导和引导，最终还可以运用市场干预的手段。在整个运行的过程当中，由于必要的干预所带来的相应的储备变化，只要不是急剧的变化，我认为都是可以接受的。将外汇储备稳定的目标置于汇率稳定之上恐怕是本末倒置的。但在汇率可以接受的波动范围内，也确有必要努力将外汇储备水平维持在一个合理的水平上，以维持市场的信心，进而也有利于汇率的稳定。离岸人民币市场管理不能用境内的方式，但可以通过流动性管理来对这个市场的汇率和利率产生影响。通过抽紧银根，骤然抬高市场利率，可以有效打击市场做空人民币的投机。这种措施，恐怕在境内难以实施，但在离岸市场上则完全可以进行操作。还有一点非常重要，就是怎么把政策资源综合在一起，能够产生一个协同的效应。用我们中国的俗语叫“劲往一处使”，面对一个目标进行调控，使效率达到最好的状态，这是我们汇率政策需要加以考量的。

四、非对称地管理资本流动，控制国际收支的不平衡

我不太赞成市场上的一个笼统的说法，即当下加强了资本管制。我认为我国资本和金融账户的开放总体是在推进过程中，但由于市场的状况发生了较大的变化，政策有松有紧，这是从中国的实际情况出发的选择。需要在某些方面紧一些，那就紧一些；需要在某些方面松一些就相应放松。现在的问题是中国的国际收支在短期内出现了迅速的变化。长期以来我国国际收支是双顺差，就是经常项下顺差，资本和金融账户也是顺差。但在 2015 年整个国际收支出现了逆差，而且规模不小。2016 年直接投资由长期的净流入变成净输出，而且可能达到 1000 亿美元左右。而长期以来我国每年吸收外商直接投资也就是 1000 亿美元上下。资本流动在这段时间所出现的迅速变化，大大超出了市场预期。

近年来服务贸易的逆差规模越来越大，这很值得关注。但应该注意的是服务贸易逆差中也有相当一部分是由资本流出带来的。比如居民运用换汇额度去境外购买房产和购买股票，这个行为事实上是一种资本和金融账户下的资本流出，但从国际收支统计来看，却发生在服务贸易项下。所以服务贸易逆差的规模迅速增大，背后也有较为清晰的资本流出的身影。而近年来资本和金融账户的逆差增速很快。2013 年我国资本和金融账户顺差 3400 亿美元，2016 年则迅速转变为逆差约 4000 亿美元。随着相关的政策出台，2017 年资本和金融账户的逆差规模可能会有所收缩。我认为应该实行的是非对称的资本流动管理。从目前的实际需要来看，对于资本流出管理，更规范一些，更严格一些，确实有必要。对企业和机构资本流出进一步加大限制，同时对境外资本进入中国的服务业、制造业、资本市场和货币市场可以适当放宽。这样可使市场的供求关系尽可能处在相对比较平衡的状态，或者至少在短期内遏制住由于资

本大规模流出产生的急剧升高的外汇需求。这从管理上来说是应该是可以做到的，事实推进路径也是如此。

当下的主要任务是要管住资本和金融账户下的逆差扩大，使得逆差规模能够控制在一个合理的范围内，甚至于保持一个基本的平衡。我在四五年前就认为，未来中国一段时期内可能出现的最大风险就是资本加快流出和货币持续贬值以及互相加强的趋势。当下我们面临的正是这样的问题和风险。中国经济增长在 2003 年达到了两位数，之后速度不断加快。十几年来中国经济形成了几个重要的特征，一是资本长期大规模流入；二是产业在全球布局需求持续上升；三是企业部门杠杆率偏高；四是货币存量很大；五是私人财富增长速度很高，同时集中度大幅度提高。以公有制经济为主体的经济体制下，私人财富的迅速增长以及高度集中毫无疑问会增加资本流出的压力。由此可见，中国目前面临的资本流出压力迅速增大的问题，与我国一些基本经济特征有着非常密切的关系。

从政策考量来说，经济稳中求进，首先是要稳，稳得住才可能进。要达到这个目标，各个方面的政策，包括国际收支政策、汇率政策、货币政策以及信贷政策等等都需要协同起来。只有这样，才可能逐步改变市场的预期。如果说达不成全面的目标，达到次级目标也是可以的。这种情况下，是不是资本和金融账户开放与人民币国际化继续大力向前推进？其实，从国际实践看，经常项下的货币可兑换是 IMF 的基本要求。但 IMF 从来没有强调所有的国家必须实行资本金融账户可兑换。我国推进资本和金融账户的开放和可兑换是基于人民币要成为国际货币和中国金融市场的对外开放。尤其是人民币要成为国际货币，就应高度可兑换，这是逻辑上的必然。不能想象一种不可兑换的货币能够成为各国普遍接受的国际货币。

从这个角度看，面对目前遇到的困难，要稳中求进，需要各项政策协同发挥效力，人民币国际化发展过程中，现阶段速度放缓一些，资本和金融账户的开放目标不变，进度适当放缓，推进有些侧重，对于整个经济体是有利的。尤其是目前国际市场风险很大，特朗普上台之后，究竟还会发生一些什么事，不确定性很大。这种情况下，中国经济对外的敞口是进一步扩大还是稳固目前状态并审慎地运作，我认为策略选择应该是后者。

2017 年影响股市的经济、政治与人性

海通证券　李迅雷

影响股市的因素很多，除了经济这个基本面外，还有政治和政策因素以及投资者风险偏好的变化，即所谓的人性。与债市相比，股市和利率波动的相关性远远不如债市，这也是导致股市极难预测的原因。本人曾经是国内最早从事国债研究的分析师之一，在 20 世纪 90 年代初的时候，只要算准未来几个月的保值贴补率，就能把握住国债期货的走势。但要预测股市，则难以确定经济、政治和人性这三个影响因子的权重是多少，那如何预测呢？当下，所有投行对 2017 年股市的预测，都没有提供任何模型，既然如此，还是叫猜测更为确切。本文简要分析这三大因素如何对股市产生影响，同时也包含本人对 2017 年经济、政治和人性变化的主观判断。

一、经济决定股市长期走势

二战之后，全世界几乎所有经济体的股市都是上涨的，因为经济在增长，如美国股市至今仍在创历史新高。中国股市当前虽然处在调整过程，但长期趋势也是上升的。如果从 1990 年起一直等额买入所有 A 股，年化收益率远超投资楼市。之所以要强调等额买入，是因为上证综指是加权平均指数中的大市值股票，涨幅相对较小。

不过，当经济增速下降或持续出现负增长之后，股市的走势往往也会下行。如 2007 年中国经济增速达到 13% 的相对高点之后，沪深两地的主板指数也创下历史新高。如今 9 年过去了，指数迄今仍未突破当年的最高点。同样，日本经济失去了 20 年，日经指数在过去 27 年中，一直大大低于 1989 年 38900 的历史最高点，迄今也只有最高点的一半。再有一个案例就是中国台湾地区，1990 年台湾加权指数创了历史新高后回落，随后 GDP 增速也开始回落，到目前为止，股指仍低于 26 年前创下的高点。

当然，经济只是一个笼统的概念，决定股价的更直接因素是企业的盈利状况。过去几年中，上市公司的盈利增速一直在下降（如图 8–1），直至 2016 年第二季度才出现了回升。有些分析师据此认为 A 股将走牛市，因为企业盈利回升了，但盈利将持续回升还是昙花一现呢？我觉得还需要继续观察，因为 2017 年的 GDP 增速将继续回落，原因主要是基建投资增速和房地产投资增速都可能回落，周期性行业产能过剩的总体格局难以改变，上中游产业的产品价格传导或受阻。

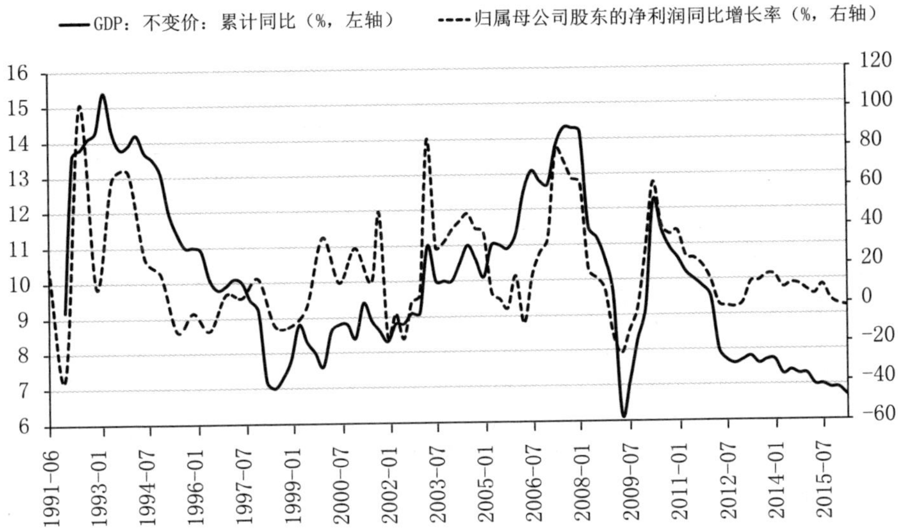

图 8-1　经济增速影响企业盈利

即便经济继续下行，股市的结构性机会总是存在的，如 2012 年至 2015 年的创业板和中小板就是牛市格局。而且，中国的货币规模扩张速度也远超 GDP 增速，相对于 GDP 的规模，股市的总市值占比为 76%，低于 92% 的全球平均水平，占 M2 的比重就更低了。因此，中国股市尽管有泡沫，但也是与全社会的资产泡沫现象相关联的。2017 年虽然经济减速，但估计幅度有限，故泡沫应该还能维持。

2017 年面临的一个重要外部变量是美联储持续加息导致美元指数走强对人民币产生的贬值压力，这会导致我国外汇储备继续下降，并可能导致贬值一致预期下的恐慌情绪（如图 8–2）。贬值对股市构成利空，不过，相信央行在货币政策上也会有所应对，如中央经济工作会议对货币政策的定语除了"稳健"，还加上"中性"，即要比 2016 年收紧些。估计 2017 年上半年人民币的贬值压力较大，下半年会有所缓解。

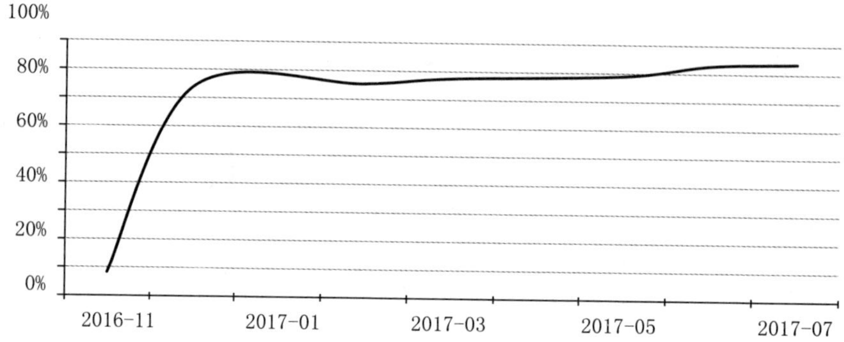

图 8-2　美联储未来加息概率

二、政治决定股市走势的斜率

本文所定义的政治，除了指股市的监管政策和维稳政策，还包括监管以外的高层所赋予的寄托或任务。监管政策中，发行制度对股价有很明显的影响，因为无论是审批制还是核准制，都对新股发行实行限价和限量的政策，如当股市出现大跌时，就暂停新股发行，当股市大涨时，就扩大发行规模，这虽然不能改变股市的走势，却能够让走势变得相对平缓。此外，监管部门还出了各种维稳政策，如旨在保护投资者利益的股市退市制度、证金公司的平准基金、贫困地区企业的优先上市政策、金融机构的定向扶贫政策等。

在监管以外，高层还赋予了股市更多的责任或寄托，如股市要为国企改革服务，为经济转型和产业结构调整服务，为提高直接融资比重、债转股服务。而且，当遇到重大政治活动时，还希望“股市成为政治的晴雨表”。

如前所述，等额投资 A 股的长期回报率很高，其中一个重要原因是极少有股票退市，这如同固定收益类产品的刚兑。所以，A股市场经常上演乌鸡变凤凰的神话，尤其是中小市值股票，虽然不少绩差股被高估得很离谱，但不排除被重组的可能性，估价中隐含“重组红利”。

2017年下半年将召开十九大，对于越来越“讲政治”的资本市场，应该是件“利好”，但2017年又是供给侧结构性改革的深化之年，抑制资产泡沫和去杠杆也是重要目标之一，在稳中求进的总基调下，高层一方面要抑制经济脱实向虚，防止更多的热钱流向金融市场；另一方面，又担心资产泡沫破灭引发金融危机。所以，金融维稳仍是2017年的重要目标，股市会否出现一个年初年尾指数差异不大的V型走势呢?

三、人性决定股市流动性与波动率

人性在参与股市时所表现出来的弱点就是贪婪与恐惧，前不久，据说一个卖方分析师辞职的原因是这行业离人性太近。有投资高手说，投资是反人性的游戏，意思是投资要成功，就必须克服人性的弱点。国人大多好赌，这样的习性对股市的交易和估值水平都有影响。

在美国，衡量投资者情绪变化的一个指数叫VIX，即恐慌指数，VIX指数是芝加哥期权交易所市场波动率指数的交易代码，常见于衡量标准普尔500指数期权的隐含波动性，它是了解市场对未来30天市场波动性预期的一种衡量方法。VIX越高时，表示市场参与者预期后市波动程度会更加激烈，同时也反映其不安的心理状态；相反，VIX越低时，则反映市场参与者预期后市波动程度会趋于缓和。

中国股市的交易非常活跃，换手率长期处在全球股市的领先水平，这说明投资者具有强烈的交易偏好，也更加情绪化。A股估值高的原因，除了货币超发和不退市因素（信用溢价低）外，流动性好（流动性溢价低）也是导致股票过高估值的重要因素。此外，新兴市场的波动性一般要较成熟市场大，这也是投资者的不成熟所致，而中国股市尤甚。中国股市的换手率中散户要占到 85% 左右，是一个非常典型的散户市场。

不过从长期看，随着机构投资者比重的增加和投资者素质的提高，市场终究会趋向成熟，流动性总体是下降的。2015 年估计会成为中国股市历史上交易额最大的一年，尽管今后股市的市值还会继续扩大，但换手率的下降却是必然趋势。而且，随着深港通的开通，中国投资者的投资选择余地越来越大，从这个角度看 A 股的估值，长期高估的现象会逐步消失。但就 2017 年而言，一个连注册制都要延后的制度不完善的市场，要期望投资者马上成熟并不现实（如图 8–3）。

	触底	早期恢复阶段	牛市中期	牛市见顶	熊市
股价的变化曲线					
宏观环境因素影响占比	20% 在好转但被忽略	30% 主要公司业绩不错	40% 孕育成长阶段	20% 乐观的长期预测	30% 充分意识到形势在恶化
估值因素影响占比	20% 估价有引力但无买者	50% 低价筹码大量涌现	30% 愿意付更高的价格	20% 修正模型，使行情看起来更合理	20% 因认识到价格确实高估而震惊
心理因素影响占比	60% 消沉、怀疑一切	20% 怀疑、思考及转变观念	30% 信任、幻想、跃跃欲试	60% 狂喜、贪婪、忘乎所以	50% 恐惧、惊慌和厌恶

图 8–3　人的情绪因素对短期波动影响

以上分析了影响股市的三大因素：经济、政治与人性。如前所述，股市预测之所以困难，是因为这三大主要因素的权重是无法确定的。更进一步说，这三个权重的本身也是处在不断变化中，比如，我过去曾经分析过人性的因素、宏观经济因素与估值因素在股市波动周期的不同阶段的影响程度是不一样的。但无法回避的是，人性因素对股价波动的影响权重在大部分时间内都要超过宏观经济、政策和估值等因素，说明其他两个因素的变化相对稳定，而人作为情绪的动物，对股价的影响会更大。这正如禅宗的六祖慧能和尚所言：风未动、幡未动，仁者心动。

如上图中描述的，在股市见底和见顶阶段，人性的因素对股市的影响要占到60%，即极度恐慌或极度乐观。行业分析师能够通过估值分析来判断股市的最佳时期则是在股市的初涨阶段，其次是牛市的中期；宏观经济因素对股市影响较大的时间大多发生在牛市的孕育成长阶段。

对2017年的股市而言，个人认为，既不能看成是股市的触底阶段，也不能看成是见顶阶段，由于稳增长政策不变，积极财政政策下基础设施投资仍将维持高增长，故经济稳定、管制加强、防范金融风险被视为头等大事的背景下，股市步入箱体震荡阶段的概率较大，经济、政治和人性这三大因素的权重会相对比较均衡。这个时候，新变量的出现对股市的影响会比较明显，即所谓的黑天鹅事件。如特朗普上台之后，其经济与政治政策将如何对全球与中国产生影响，仍有不少待解之谜，包括对中国的外贸出口、人民币的贬值幅度的影响以及国家外交与军事战略的影响等。但不管外部环境如何变化，中国为应对内外部的风险因素，将更多采取加强管制手段对抗风险、先稳而后再求进。

房地产与资产配置

切身利益如何维护？

ECONOMY

2017 年房价还涨得动吗？

国泰君安　林采宜

一、人口城市化是房价上涨的宏观背景

影响房地产市场的因素有哪些？其实有两个变量，一种是慢变量，一种是快变量。所谓的慢变量就是人口和城市的土地供给。快变量是什么？快变量就是投资属性，也就是它的价格上涨预期，货币环境如何。快变量和慢变量对房地产周期的影响，一是会影响地产价格的趋势，二是会影响地产价格的波动。

从目前来看，过去的 15 年至 20 年间，中国地产的上行主要是由慢变量决定的。首先是人口因素。20 世纪 90 年代以来大量人口涌入城市，带来了住房需求的快速增长，中国的城市化率在过去的 20 年是以每年 1.3% 的速度在增长，从 90 年代的 23% 上升到 2015 年的 53%，城市人口剧增，必然导致城市尤其是大城市住宅的需求大幅攀升（如图 9–1）。

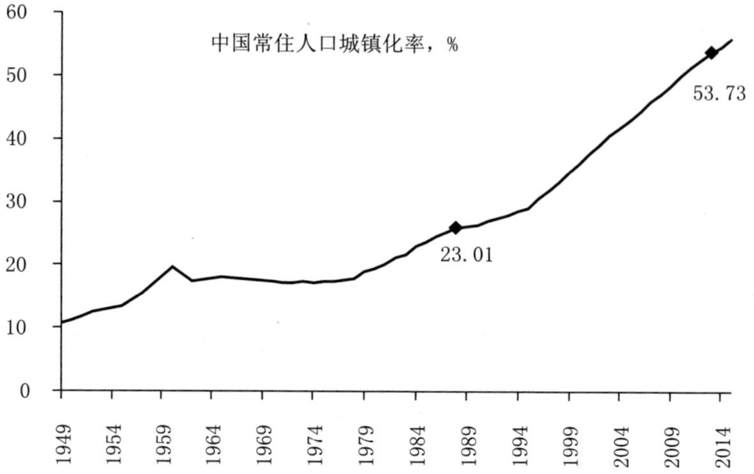

数据来源：Wind，国泰君安证券研究

图 9-1　中国城市化率每年上升 1.3%

其次，是大城市相对偏紧的土地供给因素。在中国，政府是唯一的土地供给方，土地的供给不是取决于市场的供求，而是政策的取向。过去的 15 年，所有的城市、地方政府存在招商竞争，而招商竞争就使大量的土地用于工业用地，住宅用地始终是偏少的。

如图 9-2 所示，比起纽约、东京这些发达城市，中国的土地供给是偏紧的。那么在土地偏紧的情况下，城市人口剧增，必然导致城市尤其是大城市住宅的供不应求。这就是为什么将近 20 年来中国的地产市场是一涨再涨。

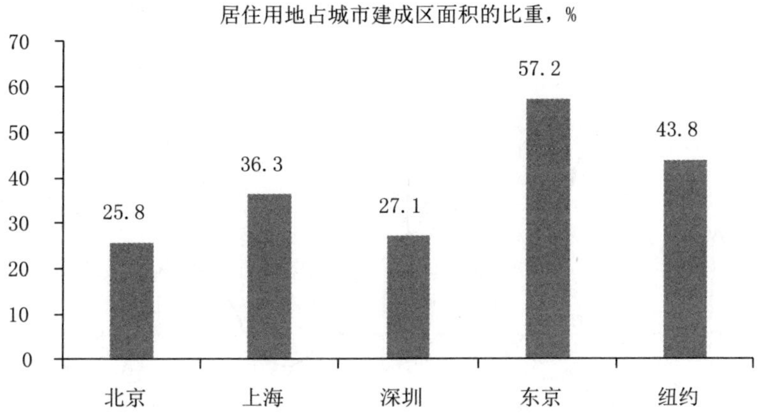

数据来源：Wind，国泰君安证券研究

图 9-2 国际主要城市的住宅用地比较

二、房地产政策和信贷政策的调整是地产价格短期波动的主要动因

最近10年，房地产市场在政府不同的政策主导下起起落落，整个房地产小周期的起落更多是受制于快变量的影响，而快变量就是政府的限购限贷。房价涨起来了，政府就采取限购政策，限购不过瘾，就限贷。房价跌下去，政策就开始放松，从信贷政策到限购政策统统放松。中国政府一会松一会紧。地产市场也跟着不断变化调整（如图9-3）。

实际上从目前来看，中国的城镇化率比起日本还有很大的空间，未来4年可能就是城镇化推进的高速阶段，对城市住宅的需求是存在的。但是需求存在不等于价格撑得住，因为进入城市的广大学生和农民工的收入水平和目前房价之间是否存在合理的房价收入比，这是能否构成房地产市场有效需求的关键。需求有两种，一种是有支付能力的需求，可以构成市场的购买力；还有一种是没有支付能力的需求，比如说民工，民工对陆家嘴的住宅需求是无效需求。

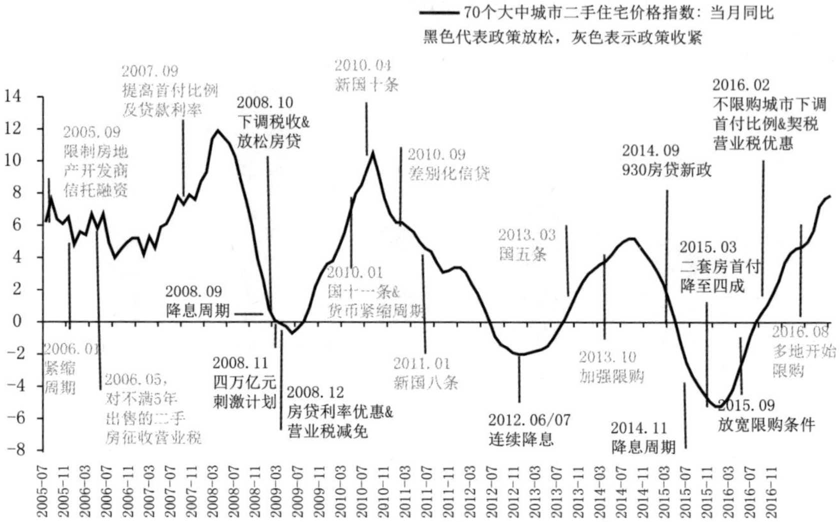

数据来源：Wind，国泰君安证券研究

图 9-3　房地产市场四轮周期的形成与限购政策及货币宽松密切相关

三、对安全资产的配置需求是推动本轮房价上涨的关键因素

本轮房价为何上涨？是由人口决定的城市化吗？是土地政策的变化吗？不是，这轮上涨有一个非常重要的特点，和以往不同，就是不同城市的房地产价格涨跌的同步性减弱，各地房价趋势出现了非常重要的分化。

那么，这轮上涨跟人口有关吗？图 9-4 数据说明：价格的涨幅跟这些城市人口变化几乎没有相关性。

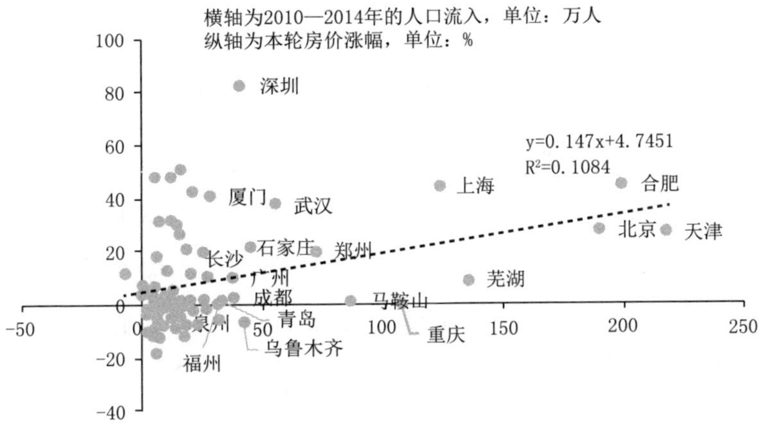

数据来源：Wind，国泰君安证券研究

图 9-4　本轮房价涨幅和人口流入没有明显的相关性

其次，价格的涨幅跟土地供给之间的变化也基本没有相关性（如图9-5）。

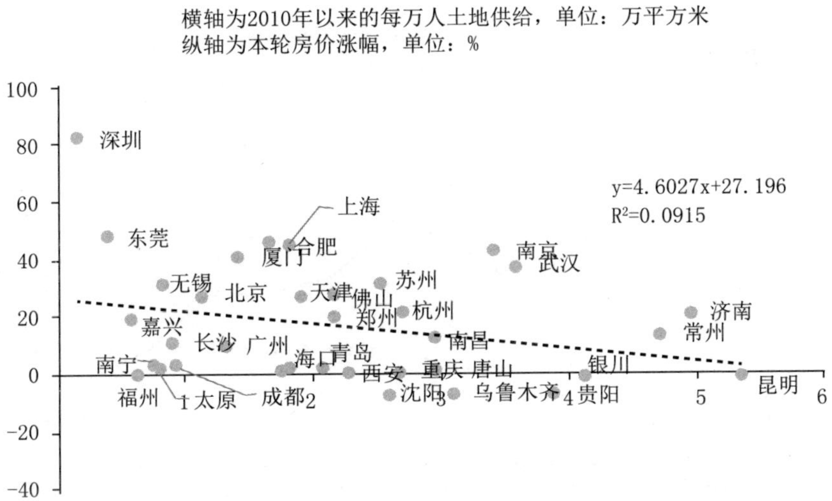

数据来源：Wind，国泰君安证券研究

图 9-5　各城市土地供给数量和房价之间的关系

既然这轮涨幅既不是由人口流入所决定的，也不是由土地的供给决定的。那就说，慢变量跟它之间没有太大的关系。那么，是什么因素推动了上涨？是资产的配置需求。

现在一线城市的租售比基本上低于2%，这是什么概念？我们国家的无风险收益水平现在应该是2.4% ~ 2.8%，即一线城市的租售比是低于无风险收益的。也就是说地产上涨是投资房地产的唯一收益，为什么会做这样的选择呢？因为在目前的情况下，金融市场普遍呈现一种“资产荒”的状态，也就是说比较安全的，高收益的资产越来越少了，为什么？依据国内金融市场理财收益率可以发现，目前不仅是投资的资本回报率不断下降，实体经济投资的资本回报率也不断下降，一年期的理财产品收益率也在不断下降，目前已经破了4%了（如图9–6）。在这种情况下，想要寻找一种高收益的理财资产是很困难的，那么因为机会成本比较低，更多的钱就进入了房地产市场，去博取房价上涨可能带来的收益。

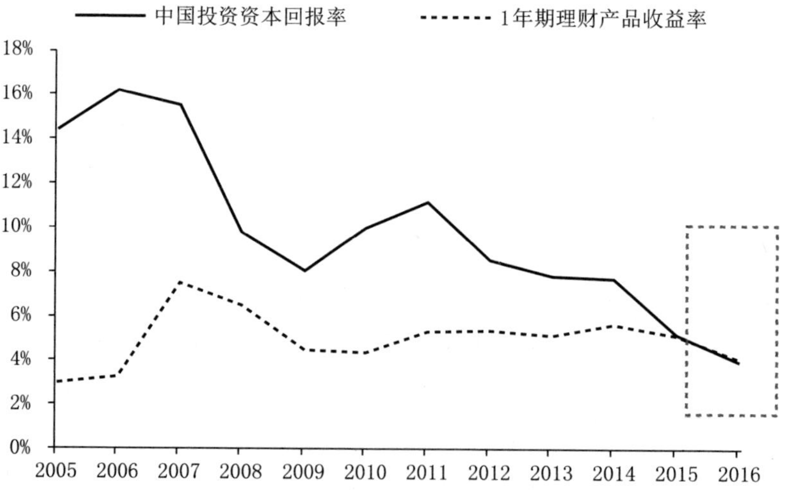

数据来源：Wind，国泰君安证券研究

图9–6　中国实业投资回报率已经低于理财产品

2015年下半年到现在，居民贷款当中的长期贷款占比在不断上升，这块基本上全部都是房贷。大量资金进入房市主要取决于以下几个因素：第一个因素，在国内，找不到更好的理财产品；第二个因素，现在资本流动的不自由，由于资本管制，中国居民在人民币贬值预期的压力下，缺乏海外资产配置的充分渠道。在这种情况下，人们只能在国内的资产里进行选择，而国内的资产中相对安全的就是一线和二线城市的地产，至少在中国居民的心目中是这么认为的，好歹一栋房子在那里。第三个因素，实际上2016年一整年的股票行情变化使得股票投资对居民的吸引力也大幅下降。

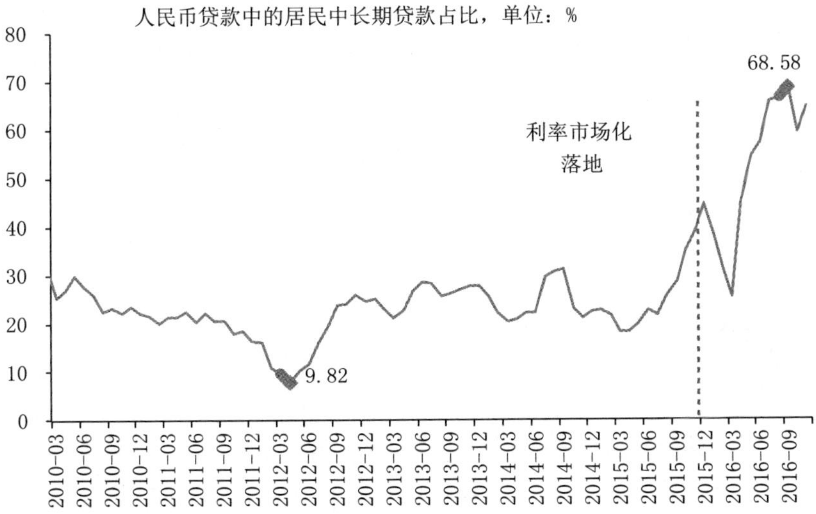

数据来源：Wind，国泰君安证券研究

图9–7　2014年以来，房价走势与股市走势相反

图9–7的数据显示，从2014年开始，股市和房市出现了一个“跷

跷板效应”，这个“跷跷板效应”实际上就是资产转换的一种关系。也就是股市不景气的时候，大家就去投房市。股市很好的时候，会有一部分资金从房市流出到股市，这就是跷跷板关系。

上述数据从各个方面证明了最近两年房地产的暴涨不是来自于人口的迁移，不是来自于土地供给的收紧，也不是来自于消费性的需求，而纯粹是投资性的需求。而投资性的需求是由宽松的流动性加上资产荒，再加上资本外流的不便利这三个因素共同构成了大量的闲置资产，居民资产不得不流向地产。

目前的地产有没有泡沫呢？大家都知道，慢变量，就是消费需求推出来的价格是实价，为什么？因为无论房价再怎么涨，不可能把它卖掉搬到街上住，无论房价怎么跌，也不可能把它卖掉租房子住。但是如果你持有的房子只是一个投资性的资产，你有10套、20套，房价涨的时候你会增加购买，房价跌的时候你就会大肆抛售。所以作为投资性的房产，本质上和股票没有什么区别，房市和股市是一回事，只是周期不一样。

四、当前的房市有没有泡沫呢？

这个问题很简单，大家看看房价收入比，目前我们中国的房价收入比平均是21倍，远远高于全球的平均水平。21倍意味着什么？意味着城市中等收入以下的普通居民对住宅改善的需求是无效需求。

什么是有效需求？具备购买力的需求才是有效需求，只有“有效需求”才具备推升房地产市场价格的可能性，才是支撑地产市场需求的组成部分，不具备收入条件和储蓄基础的“需求”是无效需求，换一句话说，买不起房子的群体对房屋的需求，对于地产市场来说，是无效需求，无效需求不具备支撑价格的作用。

再看国内城市之间的租金房价比，房产作为投资性的资产摆在那里，它的收益率实际上比世界上其他一线城市要低得多（如图9–8）。在这样的情况下，房产的泡沫是什么？其实很多人对泡沫有争议，我觉得这种争议不存在，泡沫是有指标的，但是有争议的是什么？泡沫会不会破，泡沫什么时候破。其实对经济的伤害不在于泡沫，而在于泡沫破灭以后造成的影响。有人说一线城市没有泡沫，我不同意这个观点，但是一线城市的泡沫是不是很快就会破灭，这个倒不一定。有些泡沫破灭起来不是那么容易。

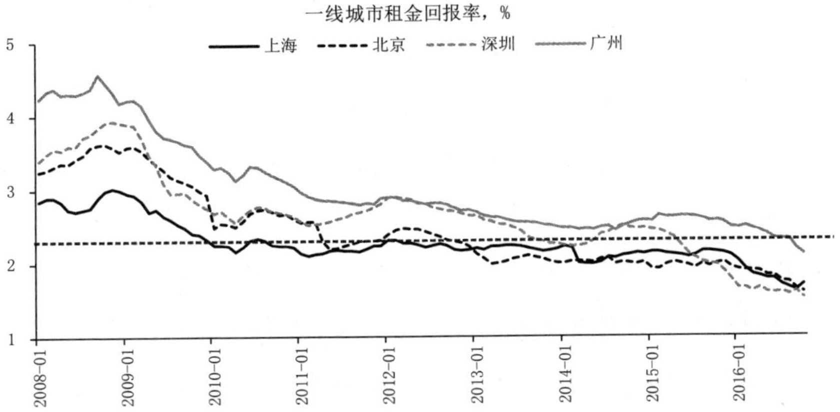

数据来源：Wind，国泰君安证券研究

图9–8 一线城市租金回报率持续下探

再看中国居民的购房杠杆（如图9–9）。从目前来看，中国居民的购房杠杆已经到了极限，也就是说2016年新增房贷占CDP的比重达到

6.4%，所以我们“去杠杆”的结果不是整个经济的杠杆水平下降，而是房地产企业向居民转移杠杆。以居民购房边际杠杆率（居民购房贷款新增额占新增商品房销售额）为例，2011 年中国房贷销售比为 17.3%，到 2016 年已经超过 55%。

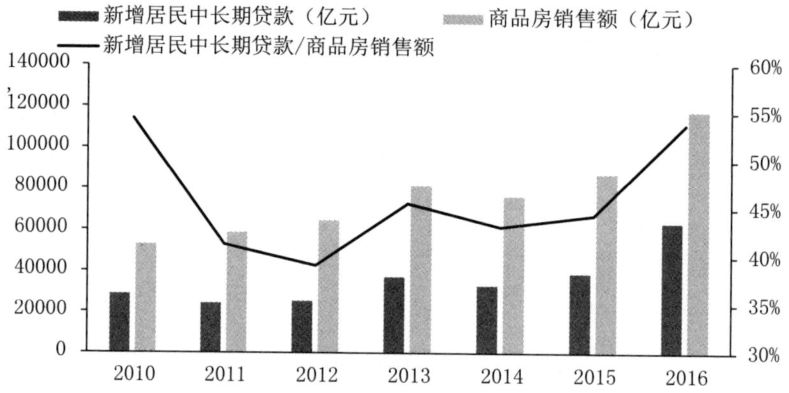

数据来源：Wind，国泰君安证券研究

图 9–9　2015 年以来居民房贷迅速增长

现在中国居民购房概率大幅激增，就是未来在消费需求方面的抑制。所以整个居民财力，也就是说在收入水平没有大幅提升的情况下，它的负债率大幅增加，实际上是对未来消费能力的一种透支。因此，我个人认为不是由慢变量，即不是由人口收入所推升的房地产价格，实际上本身是一种泡沫价格。

但是这些泡沫价格一定就会破灭吗？我个人认为不同的城市有不同的前景。对一线城市来说，如果按照世界上一线城市的扩展规律来说，北京、上海、广州、深圳这四大城市还是有空间的，比如说日本的东京，东京的人口集中度就比上海和北京还要高，同样纽约也是如此（如

图 9-10）。一线城市由于医疗、教育等各方面因素不断吸引人口的集中，而这种集中也伴随着各种资源配置效率的提高，所以一线城市虽然泡沫不小，但是泡沫不见得说破就破。

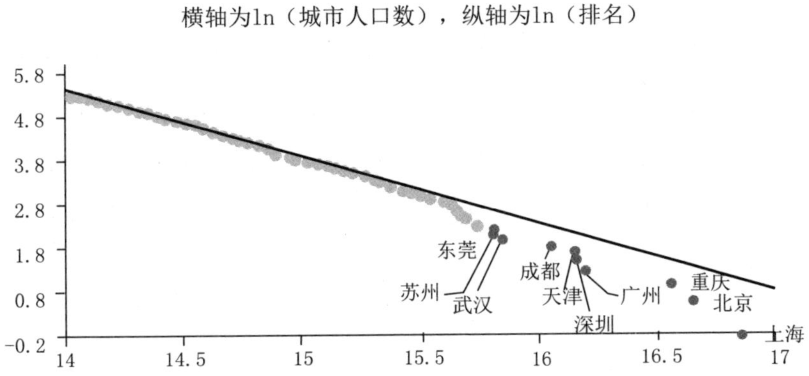

图 9-10　中国城市人口分布基本符合齐普夫定律，但大城市偏小

二线城市就看运气了，其实目前二线城市的机会在于一线城市的溢出效应，这种溢出效应来自于它的交通效率、人口转移程度。三线城市有没有机会？三线城市我个人认为基本上机会是很小的，放眼未来，三、四线以下城市去库存任重而道远，为什么？理由有两个：

第一，我们国家 293 个地级市，361 个县级市，还有 1381 个县，我们现在统计在数据里面的房地产远远没有覆盖这些实际的地产面积。也就是说三、四线城市以及县城以下的房产，它的实际库存，实际数量远远大于统计数据。

第二，因为教育、医疗、就业和其他各方面的因素，尤其是公共福利设施的差异，三、四线城市以及富裕县城的人口都在往一线、二线城市流动。

我们知道大城市的人口出生率并不高，但是一线城市的人口增长率却明显高于三、四线城市。生孩子的是小县城，但是养孩子的是大城市，人口尤其是年轻的人口和一些儿童普遍往大城市集中，这个可以从小学生的数据，以及一线城市和三、四线城市的人口年龄特征可以看出，年轻的人口不断往大城市流动，这个就是构成未来对大城市住房需求的支撑。同时也意味着三、四线城市根本就没什么机会了，不仅有大量的房子，还有不断流失的年轻人口，60 岁以上的人口是没有买房的需求的，人只有在成长的过程中才有购房的需求。看到三、四线城市人口的流失量，大家就知道了，三、四线城市去库存应该是一个非常艰难的过程，所以泡沫会不会破灭？对三、四线城市来说，泡沫已经在一个一个破灭了。

日本房地产后泡沫时期政策响应：中国可以吸取的教训

日本央行行长顾问 Masahiro Kawai

我们想要从日本的发展史上面获取一些经验，因为没有人愿意看到中国重复日本的过去。

日本在 20 世纪 80 年代后半期经历了房地产泡沫，我认为是由于不恰当的政策导致了泡沫的产生。日本在 1997 年至 1998 年经历了系统性的银行危机和长期的经济滞胀，被称为“日本化”。房地产泡沫是怎样引起的？为什么有政策延迟？中国可以从日本的泡沫中吸取哪些经验？

图 10–1 是一幅股票与土地价格的走势图，虚线代表的股票价格在 20 世纪 80 年代达到了顶点，城市土地价格在 1991 年达到了顶峰，然后两者都遭遇了长期的滞胀和下跌。其中，有一段时间股市恢复到了之前的价格，但之后还是下跌了。

1990 年到 2000 年期间的银行贷款在经济泡沫时期增长了 10%，接下来在 20 世纪 90 年代后半期的增长为 0%。直到最近几年才开始重返增长（如图 10-2）。

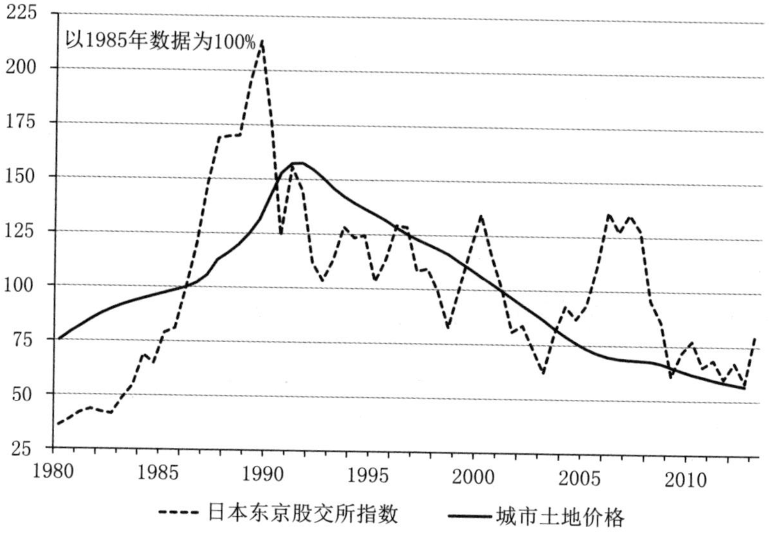

来源：日本不动产研究所

图 10-1 股票与土地价格

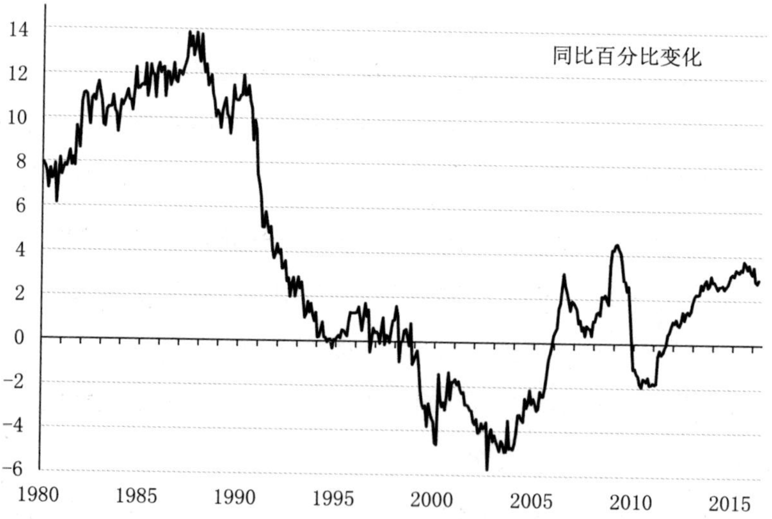

来源：日本银行

图 10-2 银行贷款在 1990 年至 2000 年间急剧下跌（变化比率）

一、日本的房地产泡沫

1）房地产价格的提升和回落。让我们首先来看一下股票市场价格指数（如图 10–3），它的运动轨迹与之类似。日本股票价格在 1989 年末达到了最高点，自此以后再未达到这样的高点。而图 10–4 显示的是全国范围内的城市土地价格走势，它包含三种类别：商业用地、住宅用地和工业用地。我们可以看到商业用地有一个很陡峭的增长并达到顶点，这点与住宅、工业用地非常不同。商业用地的价格下跌速度比住宅和工业用地要快。

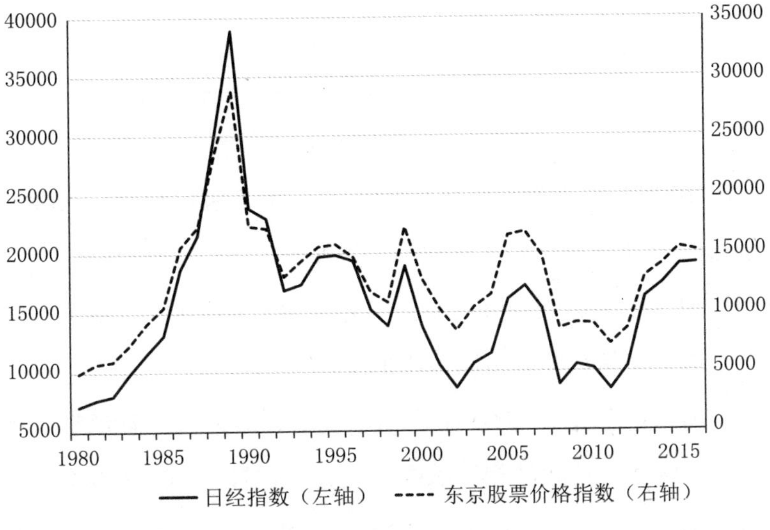

来源：日本银行，经济金融数据

图 10–3　股票价格指数（年末）

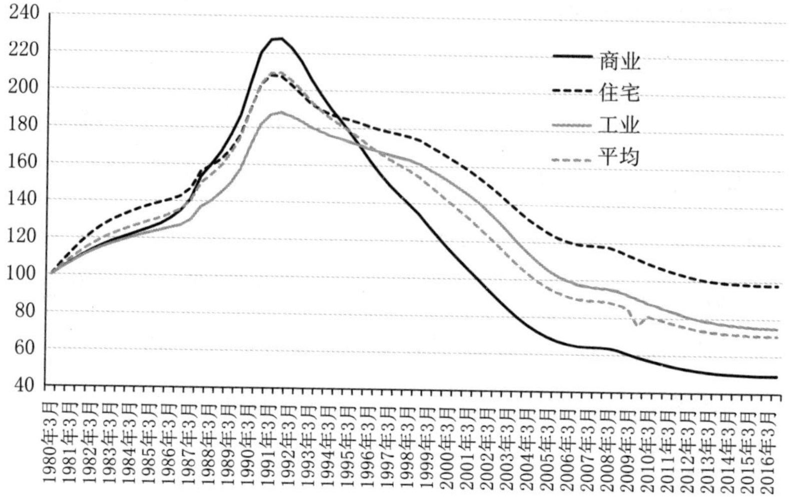

来源：日本不动产研究所，城市土地价格指数与木屋市场价格指数，2016 年9 月

图 10–4　全国城市土地价格指数（以 1980 年 3 月为基准）

而图 10–5 所示的是日本的六个主要城市（包含东京、大阪）的平均房价与其余地区的比较，可以看出它们的价格增长非常陡峭且极速，在 20 世纪 90 年代达到顶峰，然后开始下降。图 10–6 是多个不同地区的城市土地价格指数图，全国范围的土地价格直到现在还在下跌，但是六大主要城市的价格在 2005 年达到了底部，后来就一直稳定。东京地区、大阪地区和其他地区相比涨幅要更大。在日本东京大都会区域，住宅价格是多种个人收入的结果。从图 10–7 中也可以看出，直到 20 世纪 90 年代中期，种类数为 6 ～ 7，即使是东京非常中心的 10 公里范围内的种类数也为 7 ～ 8，但是后来涨到了 18 种，所以很明显泡沫出来了。

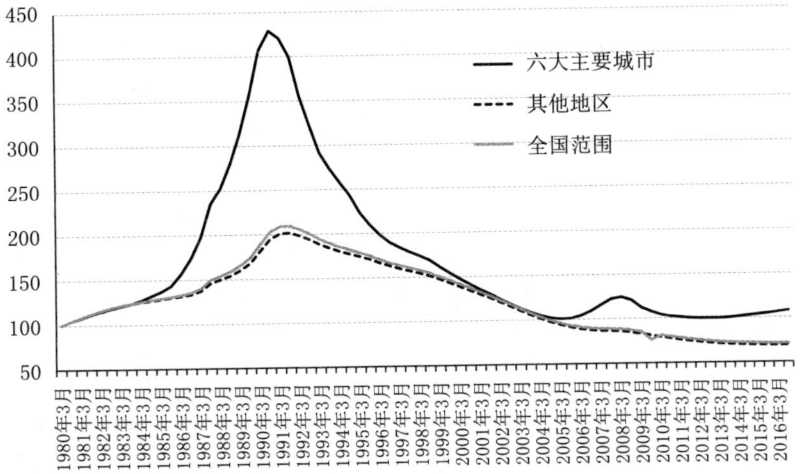

备注：六大城市区域包括：东京区、横滨、名古屋、京都、大阪和神户

来源：日本不动产研究所，城市土地价格指数与木屋市场价格指数，2016 年 9 月

图 10–5　城市平均土地价格指数（以 1955 年 3 月数据为基准）

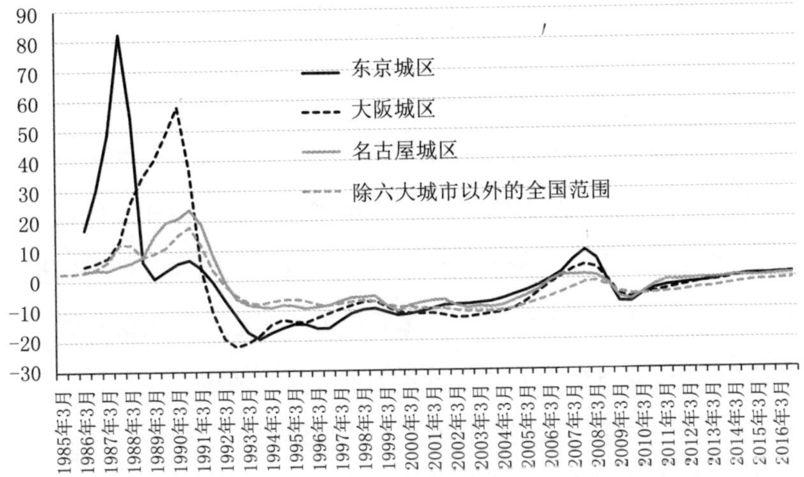

来源：日本不动产研究所，城市土地价格指数与木屋市场价格指数，2016 年 9 月

图 10–6　多个地区城市商业土地价格指数（与上年度比较变化率）

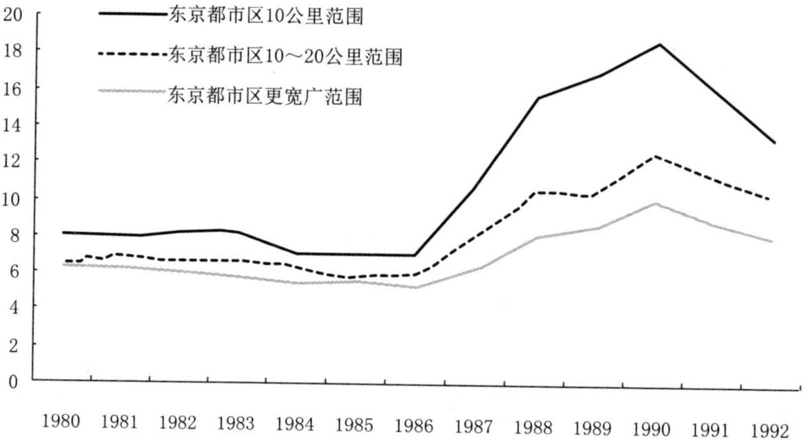

来源：野口（1992）

图 10–7　东京大都会区域住宅价格是多种个人收入的结果

2）日本房地产泡沫的背后有哪些因素呢？“放松银根政策”导致了日元的贬值（从 1985 年上半年开始，又被广场协议给催化了），尤其从 1987 年的卢浮宫协议之后。

人们对经济发展的无根据的乐观预期。大量的日本商人相信日本经济将持续高速增长。人们希望日本东京成为重要的国际金融中心，所以相信东京将变成国际化大城市。另一个因素是金融自由化迫使传统的银行承担更多的风险，在借贷活动中也更加激进。税收和其他部门也更希望通过拥有土地作为不动产。其中最重要的因素之一是不恰当的监管政策，当时金融行业占据了立法、监督等重要权力地位。

在 20 世纪 80 年代后期，日本货币供应量增长了很多。商业银行的款项结构也变化了，从制造业转向了个人部门、房地产、金融和保险行业。不同类型的银行中，房地产贷款占总贷款的比重一直在上升，而且很多类型的银行都有这样的状况。日本有 3 家主要从事长期贷款信用的银行，在其业务中有很大量资金都投入在房地产上，虽然它们最终都失败了。

企业部门的金融资产和债务（单位万亿日元）中，房地产也占据了较大比重。图 10–8 是我要重点说明的一幅图，显示的是日本和美国的名义 GDP 指数。在泡沫经济时间段，日本的 GDP 增长很迅速，与美国的增速差不多。当时日本和美国在经济领域有很多的商务合作。当时很多日本人预测日本的 GDP 将持续高速发展。虚线部分是人们预测的增长，最终能超过美国的 GDP。人们对经济的期望也是造成日本政策滞后的原因之一。但实际日本的经济并没有按照这条虚线发展，而是进入了长期滞胀。另外从这张图上可以看出，到 2020 年中国的 GDP 可能会追上美国的 GDP 总量。

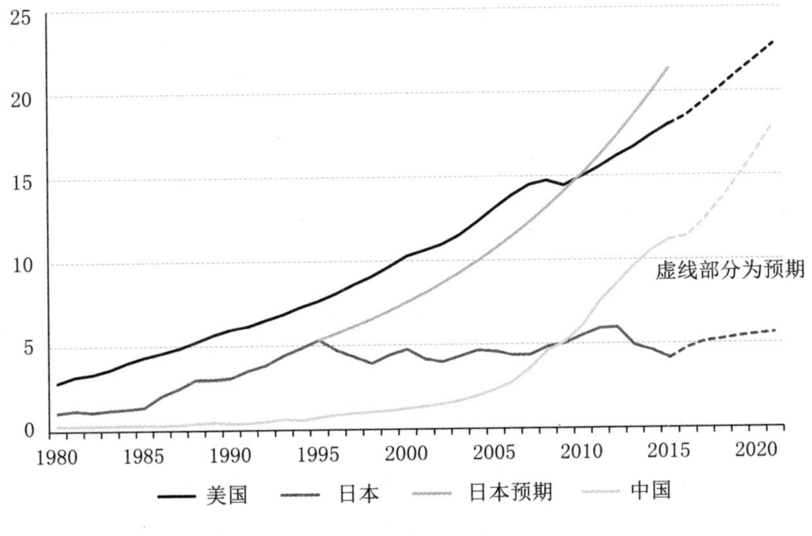

来源：国际货币基金组织，各年度世界经济数据库

图 10–8　日本与美国的名义 GDP（万亿美元）

二、后泡沫经济时代政策响应

1）经济泡沫破灭带来的影响。泡沫破灭的影响是非常负面的，由于不动产价格的下跌，人们需要支付更多的钱来偿还债务，但是作为借款人的企业没有能力支付。另外，也出现了由于需求增长减缓导致企业产能过剩的问题，而且劳动力供应过剩。不动产价格的下降导致企业想要从危机中恢复更加困难，同时商业银行的不良资产也大幅增加。民众期待已久的能够抑制银行业问题恶化的国家政策出台太过迟缓。

2）政策响应。日本经历了“失去的那些年”。阶段一（1991—1997年），日本花了7年时间来做出反应，日本犯的最大错误之一，就是当泡沫破灭时，没有及时采取措施来挽救。相关部门应该立即反应并做出政策调整。有很多原因导致日本政府没做到这点。阶段二（1998—2002年），银行重新资本化并采取了果断的行动，这一措施虽然实施了，但是也已经严重滞后了。阶段三（2002—2005年），解决不良债务问题，同样，不良债务虽然最终解决了，但也是迟缓了很多。

3）与企业重建之间的关联。日本在后泡沫经济时期得到一个重要的教训，就是银行结构重建、不良债务问题的解决需要与企业重建相结合。日本在后期阶段意识到了这个问题，因而最终恢复了。

在2003年以后，日本银行的资本实力才得以增强，盈利能力也开始上升，银行系统的稳定性和健康度开始好转。在世界经济快速增长的情况下，日本的经济也开始借助出口导向型走上了复苏的道路。日本的银行遭受了共计96万亿日元的损失，相当于日本GDP的20%。此后，日本公款的53%得以恢复，占了47.1万亿日元中的25.1万亿日元。

三、日本化

长期低增长、物价通货紧缩、信用贷款增长缓慢、企业投资低，大家对这方面的特征可能都很熟悉，我就不再赘述。

我要重点说的是银行业危机的影响，因为任何形式的银行危机都会对经济有不同程度的影响。1980 年以后，全世界国家的 GDP 增长与金融危机关系密切。韩国的经济在遭受金融危机带来的短暂下跌后又得以恢复增长。日本在遭受危机后在很长时间内都发展缓慢，金融危机对日本的影响非常大。如图 10–9 所示，名义 GDP 在过去的 25 年基本保持不变，这是很罕见的案例。但是实际 GDP 还是有一些增长，因为通货紧缩的状况在改善。如果日本在 20 世纪 90 年代早期能采取挽救措施，或许能避免滞胀。

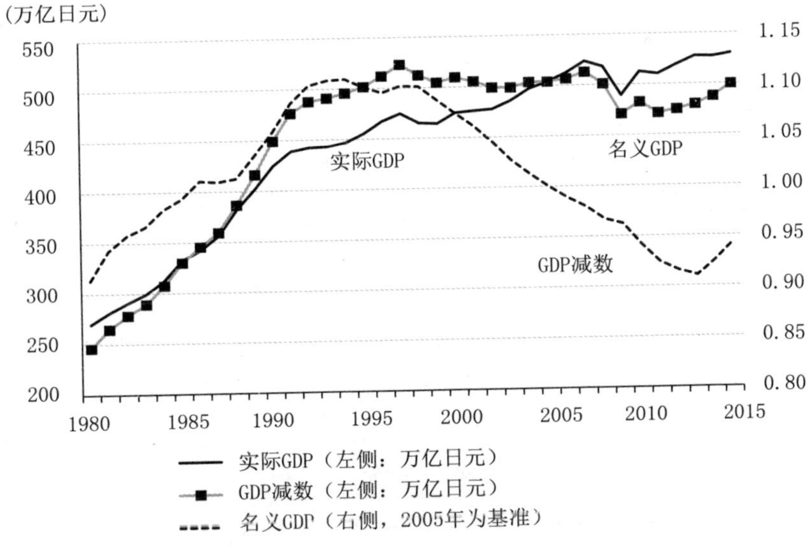

来源：内阁办公室，日本中央政府

图 10–9　日本实际 GDP、名义 GDP 与 GDP 减数

四、从日本身上吸取的经验教训

1）摆在第一位的政策应该是防止经济危机的发生。对日本来说，对银行和非银行体系有效的宏观监管应该尽早实施，以防止房地产部门的信贷过量扩张。这一政策在以下情况显得尤为重要。比如：在低利率时代，在经济无根据的高速发展时期；金融自由化发展，危机发生概率大增的情况下；银行客户转变为非生产型公司时；对银行、其他金融公司、非金融公司的管理减弱时。

企业信贷占日本 GDP、亚洲新兴国家 GDP 的比例，从图 10–10、10–11 中可以看出，在 20 世纪 80 年代至 90 年代，信贷占比提高了很多。我相信很多人会熟悉这个数据，中国企业实际信贷与非金融部门的信贷差占 GDP 的比重，与 HP 滤波的比较，可以看出中国的指数比也很高，甚至高于日本历史上的比例。也高于泰国、马来西亚经历金融危机时的指数。

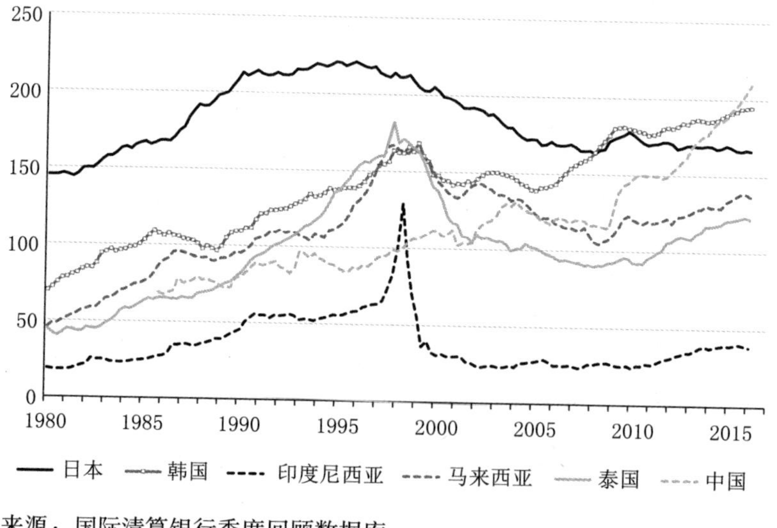

来源：国际清算银行季度回顾数据库

图 10–10　日本与亚洲新兴市场国家企业部门信贷占 GDP 的比重

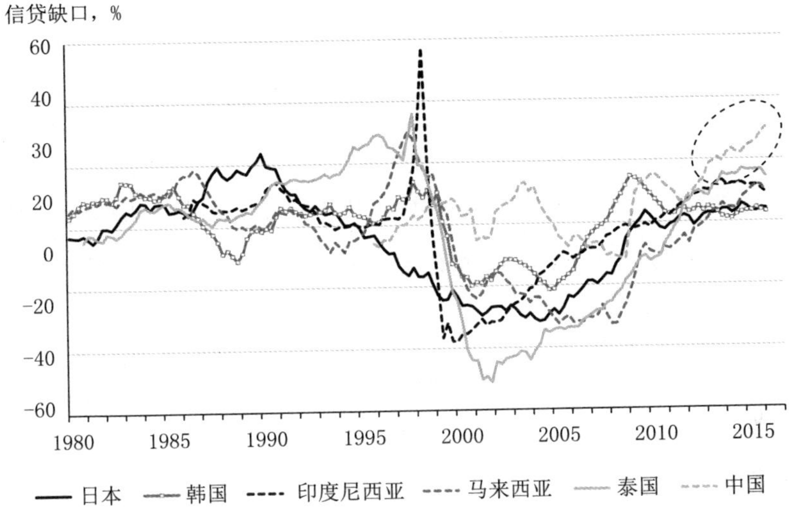

备注：信贷缺口是实际信贷 /GDP 与 HP 滤波之间的百分比的偏差

来源：国际清算银行季度回顾数据库

图 10-11　中国企业部门信贷增长快

2）快速准确的危机应对措施是必要的。在出现以下情况的早期就应该采取果断措施。在日本的案例中，采取措施的时间太迟了。在 20 世纪 90 年代早期，人们觉得经济将重新恢复增长，银行等金融体系将重新恢复健康运作，人们的预期过于乐观了。政府的财政政策应该保证最低的总需求，帮助无力偿还的企业生存下来，尤其是建造部门企业。当时的日本没有国内的压力（高储蓄率、没有通货膨胀、低失业率、社会稳定），也没有外部制约（大量外汇储备、没有资本外流——与现在中国的状况不同、偿还债款没问题、没有汇率危机）。

3）有效的宏观经济和结构性政策是支撑的关键。

五、结论

日本20世纪80年代后期的经济泡沫产生于以下原因：宽松的货币政策导致日元贬值，尤其是1987年卢浮宫协议以后。大量的日本商人相信日本经济将持续高速增长，并且希望日本东京成为重要的国际金融中心。而金融自由化迫使传统的银行承担更多的风险，在借贷活动中也更加激进。人们则对经济发展抱有无根据的乐观预期。其中最重要的因素之一是不恰当的监管和政策。

日本政府在后泡沫经济时代未能很好地解决问题是由于以下原因：银行危机解决速度缓慢、对问题造成的影响被严重低估，人们对经济增长的预期过于乐观、持续的财政开支，缺少国内、国际上的压力。

日本对于银行体系的解决办法框架在1998年至2002年颁布，重新恢复银行体系的健康发展，其中，不能生存下去的银行收归国有，一些处于危险中的银行将其公有资本化。而对贷款方面的分类则更加严格，并接受特殊监督，通过管理计划大幅减少不良贷款，让新的研究机构对企业债务进行重组。

解决银行危机的第一步是对危机严重性的认知。中国对银行业的管理比当时的日本做得更好。宏观经济和结构性的政策是避免“日本化”的关键。在出现泡沫后要有货币政策来支撑，要有财政政策支撑，强迫“僵尸公司”退出。运用结构性的政策来推动劳动生产和私人投资。相信日本的经验教训可以为一些欧洲国家，比如意大利，或者一些有可能会遇到“日本化”问题的国家，比如中国，带来一些帮助。

房地产市场可持续发展的良性改革思维

华泰证券　陆　挺

先前中央说了一句话："房子是用来住的"，很多人马上就想起对应的一句话"房子不是用来炒的"，但我认为这么想是有点偏颇了。我认为我们应该首先考虑这样一个问题，就是哪些房子是没有用来住的。这个问题考虑清楚之后，或许对许多政策思路的理解，以及对未来的预测能有一些帮助。

一、什么房子不是用来住的?

那么，有哪些房子不是用来住的呢?第一类就是用来炒的房子，很多人买了那些房子，没有装修，就是等着未来升值，这的确就是炒家的需求。

第二类是为了防通胀，这也未必是炒，买了可能也就不动它了，也未必一定要卖，就是认为人民币可能贬值，而别的资产又不放心，所以就买了房子，搁在一边。有的人可能觉得未来孩子结婚需要房子，为了未来的需求做储备，这个房子10年、20年以后才住人，起码未来10年是空置的。

第三类不是用来住的房子，是买房子的地方和平时住的地方不是同一个区域。这个问题其实很严重。一方面中国的房子空置率很高，在15%到20%之间，越小的城市空置率越高，一、二线城市的空置率比较低。但另一方面，中国有大量的流动人口，1.7亿外出务工人员绝大多数没有好的房子住，大部分住在集体宿舍。这些人往往是在村里盖房子，要么就在老家附近的城里买房子，所以那些三、四线的小城市里很多房子是空置的。

第四类，就是过去十几年中国的很多地方政府大规模搞新城区的建设，地方政府的一些规划，尤其是一些头脑发热的规划，导致盖了很多房子，最后真是没人住了。

最后一类，本来有人买了房子想租出去，但是因为种种原因租房市场不是那么有效率，或者租金太低，最后想租而没有租掉。

二、预估未来政策对经济的影响

其实要判断政策的难度很大，我认为未来最有可能出现两种不同思路的政策，这两种不同的思路在短期和中长期可能会被分别执行，就是短期可能会执行第一种思路，中长期可能会逐渐考虑第二种思路。

第一种思路特别简单，就是限购、限贷，重点就是一个“限”字，尤其在那些房价上涨比较快的一线、二线城市，甚至一些三线的比较大的城市，都采取了非常严厉的限购、限贷的措施。当然很多中小城市没有限购、限贷。如果沿着这个思路下去的话，2017年房地产的投资新开工可能会受一定的影响，但是也不会影响太大，也许在一开始的时候，一些需求和新开工会到一些中小城市里去。但形势比人强，中国的经济结构和中国的经济地理结构在发生很大的变化，实际上最后的需求还是会集中在大城市。

第二种思路是更良性的。这个思路的出发点是中国一方面有大量的空置房，尤其是中小城市里面；另一方面是有大量的需求，中国有1.7亿外出务工人员。中国非农就业人口达到80%，而中国官方意义的统计上的城市化数据只有57%，这中间的差距来自什么地方呢？就是大量的流动人口，实际上这些流动人口的背后还有他们的家庭，还有6000万的留守儿童。你要是把这些人加起来，先不要说已有城市居民的迁移和他们对住房的更新换代升级，光是这部分人对房子的需求就有将近1亿套，以我们目前的住房供应能力来讲的话，也得盖个10年。所以不用担心房子的真正需求，中国真正的问题是供给与需求之间的错配。如果我们接下来真正能够推进住房方面的供给侧改革，让我们的需求能够得到满足，让我们的供应真正能够适应中国经济格局的变化，那我认为这对中国经济增长就是一个可持续的推动。因为在这个过程中，这个改革不仅激发了住房需求，而且推动服务业还有其他产业的发展，实际上人越向大城市集中，对服务业的促进就越来越大。

第二种思路有三个重要的环节，第一是要明确随着经济的发展，中国还是应该坚定不移地发展大城市。全球的趋势是人往高处走，越来越大城市化，中国除了在北上广深之外还要再发展四五个甚至十个左右的千万级人口大城市，大力开展住房建设和基础设施建设，把人口吸引过来。第二，中国要坚定不移地推动土地改革，尤其是农村宅基地的改革，要让农民有一定的自由处置他们的宅基地的权力，以宅基地的处置权换取城市的户籍，甚至换取一部分购置房子的资本。第三，就是与此对应的户籍制度改革，不能只说让农民到一个中小城市落户，把农业人口只往中小城市推，而应该更多往大城市推。大城市由于规模效应，能够创造更多的就业人口。

如果我们能够真正推行大城市化的战略，真正给农民足够的土地权力，真正逐步放开户籍制度，尤其是在大城市的户籍，我认为还有很大的需求会被激发，从而推动中国服务业和其他产业的发展，能够带来中国经济长期可持续的发展。在短期之内，包括中长期之内，如何制定相应的政策，实现“让房子就是用来住人的”？我认为可以考虑施行房产税，当然可以循序渐进，一开始可以从第四、五套开始。还有就是空置税，在我看来也是可以循序渐进地推进。2016 年 11 月份，加拿大温哥华因为房价上涨太快，对 6 个月以上没有人住的房子征收了 1% 的空置税，中国未尝不可以推行这样的做法，这样有助于推进中国租房市场的发展。总之，一个良性的、经过合理规划并带有改革思维的、让中国人有房子可住的政策才能够带来中国可持续的经济发展。

全球宏观形势与资产配置

博海资本　孙明春

一、全球经济增长疲弱

近期全球股市表现不错，但各国实际经济增长率都不是特别强，哪怕是美国，虽然都在改善。股票市场在特朗普当选美国总统之后表现得很乐观，但我们对美国经济的看法并没有那么乐观。实际上，不少人预测2017年美国经济增速只有1.8%或2%，乐观点的也就是二点几，而欧洲、日本会更低。2017年中国6.5%的GDP增长率能不能保，要不要保，也值得思考。总之，全球经济并非处在一个强劲复苏的过程中，相对来讲还是比较脆弱。在这种情况下，过去几年政策利率一直是往下走的。但现在出现了分化，主要是美国连续加了两次息，而其他主要经济体则依然处于减息或放松的状态。整体来讲，全球货币政策是分化的（如图12-1、12-2）。

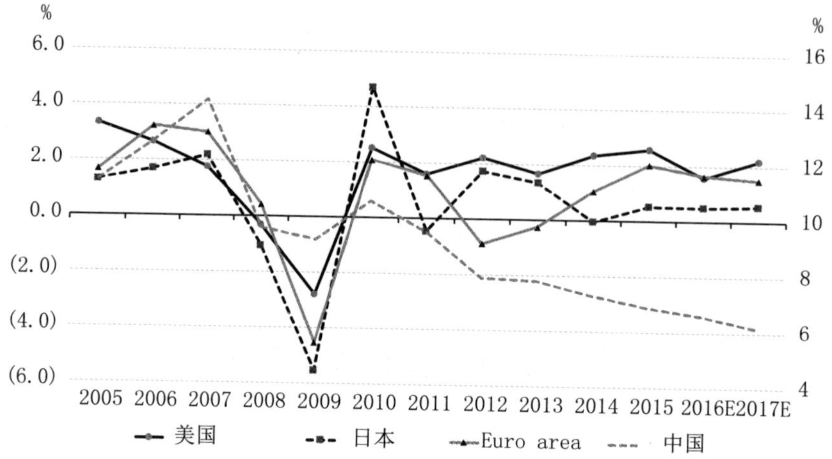

数据来源：国际货币基金组织

2016 年及 2017 年的数据为国际货币基金组织 2016 年 10 月在《世界经济展望》中所做的预测

图 12-1 实际 GDP 增长率

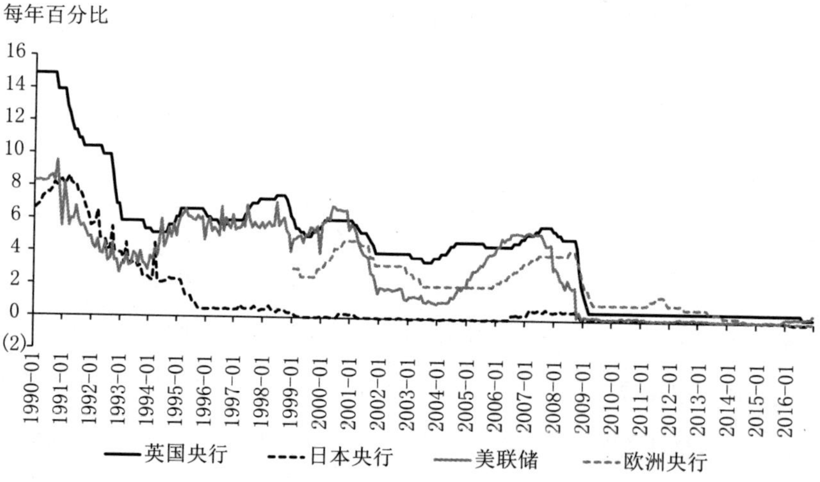

资料来源：CEIC

图 12-2 主要发达经济体中央银行的政策利率 (%)

二、资产如何配置?

美国十年期国债收益率下降了三十多年的趋势，在特朗普当选之前，大家还在担心它会继续降下去。后来特朗普上台之后，发生了急剧的转换，很多人就开始说三十多年的大周期见底了。我不是特别肯定它一定见底了。我觉得在此之前有很多很低的点都出现过反弹，当时都有可能判断是见底，但事后证明它实际上还在不断下降。我觉得还不能那么早下结论，还需要观察。

2016 年 11 月 8 日美国总统大选结束后，全球金融市场出现了戏剧性变化，主要表现为债券收益率大幅度上涨、美元汇率大幅度升值、美国股市不断创出历史新高、与基建相关的诸多大宗商品价格暴涨、而大部分新兴市场的股票、债券、及货币汇率都承受了巨大的卖压。在短短几周里，很多市场人士转变了观点，认为美债收益率下行了三十多年的趋势已经结束，对全球通货紧缩的担忧转变为对通货膨胀或再通胀（reflation）的期待，超级宽松的货币政策的拐点已经来临，对美联储继续加息的预期快速升温，等等。

其实，美国总统大选后所出现的剧烈市场波动，在很大程度上是过去几年在各个资产类别不断加强的拥挤交易（crowded trade）的突然逆转。如果这一趋势维持较长时间或者价格逆反的幅度过大（即“超调”），有可能触发更大规模的恐慌性平仓或强制性平仓，形成“踩踏”，对一些金融机构造成重创。不能排除由此引发一场范围较广的金融危机的可能性。

众所周知，自 2008 年全球金融海啸及 2011 年的欧洲主权债务危机之后，全球各大中央银行为应对危机推出了各式各样的货币宽松政策，如量化宽松（QE）、扭曲操作（operations twist）、量化质化宽松（QQE）、长期再融资操作（LTRO）、直接货币交易（OMT）及各类货币政策工具创新。日本和欧洲的一些中央银行甚至把政策利率下调到负值，导致一些国家的国债收益率也下降到零以下。然而，超级宽松的货币政策并未带来强劲的经济复苏。在全球经济增长持续低于预期的情况下，各大央行把一些本应短期使用的应对危机的"超常规"政策工具变成了常态化工具，一用就是五六年。

如此宽松的货币政策导致了全球性的流动性泛滥。在量化宽松政策框架下，中央银行把各类传统金融机构（如商业银行、保险公司、退休金基金等）与私人部门的投资者从低风险的资产类别（主要是国债）挤出，令其被迫追逐各类高收益（当然也是高风险）资产或加长久期（duration），推升了这些风险资产的价格。这不但增大了资产价格泡沫的风险，也压低了风险资产的收益率，在全球范围造成了更为普遍"资产荒"现象。在"资产荒"的背景下，许多投资者被迫寻求风险更高或期限更长的资产类别，甚至不得不使用杠杆，以获取必要的收益率，从而进一步推高了资产价格，压低了收益率，形成了一个恶性循环。

总之，在史无前例的全球货币超级宽松的背景下，金融市场的风险—收益规律被改写，许多风险承受能力较低的传统投资者也被迫加入到诸多拥挤交易之中，如购买超长期国债，投资信用等级较差的高收益债，投资新兴市场的股票、债券与信用产品，购买流动性较差但收益更高的不动产（如房地产），投资风险较高的私募股权基金（PE）、风险创投基金（VC）、并购基金、夹层融资基金，等等。这些拥挤交易带来了资产价格的进一步上涨，形成了虚假繁荣的假象。那些早期勇于参与这类拥挤交易的投资者的确也从这类拥挤交易中获得了可观的回报。也令投资者形成了一种"鼓点不停、宴会不止"的盲目乐观情绪。

然而，美国总统大选的戏剧性结果带来了全球金融市场的戏剧性变化，触发了此类拥挤交易的突然反转。尽管此类交易的基本面因素在短短几天或几周里并没有发生显著变化，但交易的初始反转有可能形成连锁效应，引发更大规模的恐慌性平仓或被动性斩仓（止损）。考虑到过去几年在各类资产类别存在的拥挤交易的规模之大、时间之久、范围之广，短时间内各类资产价格的急剧反转势必对一些投资者和金融机构造成损伤。如果其中有“系统性重要性”的金融机构遭受重创的话，有可能触发系统性风险，带来一场区域性甚至全球性的金融危机。

即便此类拥挤交易的平仓在数周乃至数月后终止，各个资产类别的资产价格从“超调”回归正常，令全球金融体系在短期内避免一场因“踩踏”带来的危机，但这一回调所带来的喘息时间可能是有限的。这是因为，2008 年全球金融海啸后逐渐常态化的宽松货币政策的负面效应已经越来越多，其成本与收益已经很不匹配，在技术方面也面临诸多瓶颈，各国央行及政策制定者都在重新审视这些政策的利弊。因此，全球的宽松货币政策很可能在 2017 年出现拐点，从而再次引发各类拥挤交易的平仓。这与美国总统大选后出现的情况类似，但会持续更长时间，对全球金融体系造成更为显著的冲击。从这个意义上讲，美国总统大选后全球金融市场出现的这轮戏剧性变化也许只是下一轮更为强烈的冲击波的预演。

虽然我们缺乏足够多、足够确切的数据来量化计算这类反转交易对金融机构的伤害，但我们可以从个别资产类别的价格变化中理解潜在的损伤。以在美国上市的 iShare 20 年以上期限的美国国债 ETF 为例，由于国债收益率大幅度上升，其价格在 2016 年 11 月 8 日至 12 月 9 日的短短一个月内下跌了 9%。如果从 2016 年 7 月 8 日的顶点计算，其价格则下跌了 18%（如图 12–3）。

来源：Bloomberg，作者测算

图 12–3　i–Share 20 年以上到期的美国国债 ETF

除此之外，排在 2017 年日程表上的欧洲的一系列政治事件（主要是各国大选）很可能会影响投资者对欧盟及欧元稳定性的预期。欧洲银行（尤其是意大利的商业银行）的稳定性依然值得关注。欧洲银行危机或主权债务危机是否会卷土重来也很难说。在 2017 年，投资者必须高度警惕这一系列风险。

如果这一系列风险事件成为现实，全球金融体系很可能出现一轮危机。届时世界各大中央银行可能又要忙于减息。所以现在判断美国国债收益率已经出现历史性拐点可能为时尚早。

再看美元。特朗普当选之后美元升值非常快，已经突破了前面两个高点，感觉上应该是接着再往上走。但是影响美元指数的因素很多，主要是欧元。由于欧洲的情况也不妙，欧元走势可能不会太强。假如美元要接着升值的话，会造成什么负面影响，或者说在整个全球金融体系里面会产生什么样的冲击，这是我们要思考的，这是一个场景分析。

我们知道新兴市场的货币肯定要贬，而且已经贬了很多。美元升值对中国资本流出的影响，对人民币汇率产生的压力，我们深有体会。如果美元指数继续升值，可以想象对人民币会产生什么样的影响，而这又会对中国周边的国家和其他新兴市场有什么影响。虽然这些年新兴市场的国家在外部平衡方面、经常账户方面有很多改进，在外债方面与 1997 年、1998 年相比好了很多，但是架不住汇率贬值这么快。如中国，我们毕竟还有 8000 亿美元左右的外债是以外币发行的。其他的新兴市场同样都有外币债务。这显然会给新兴市场产生很大压力（如图 12–4）。

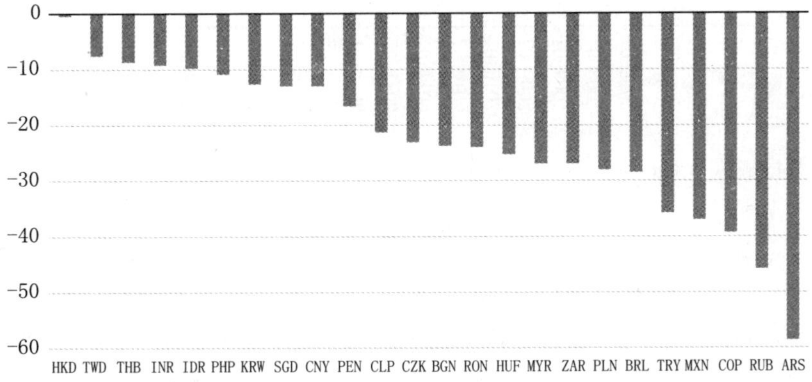

数据来源：Bloomberg

图 12–4　新兴市场货币（兑美元）汇率变化（2014 年 1 月 1 日 – 2016 年 12 月 29 日）

再看美国股票。如果美元继续升值的话，首先对美国企业的竞争力有什么影响，对美国经济有什么影响？美国标准普尔 500 指数里的上市公司，其 40% 的盈利来自于海外，如果美元继续升值的话，其海外盈利折成美元必然要下降。美国股市现在又创了历史新高，也有很多争议，对短期走势其实很难预测。我只是试图给大家提醒金融市场各个资产类别之间存在的不匹配现象，从中找出资产价格中可能存在的短期超调（如图 12-5）。

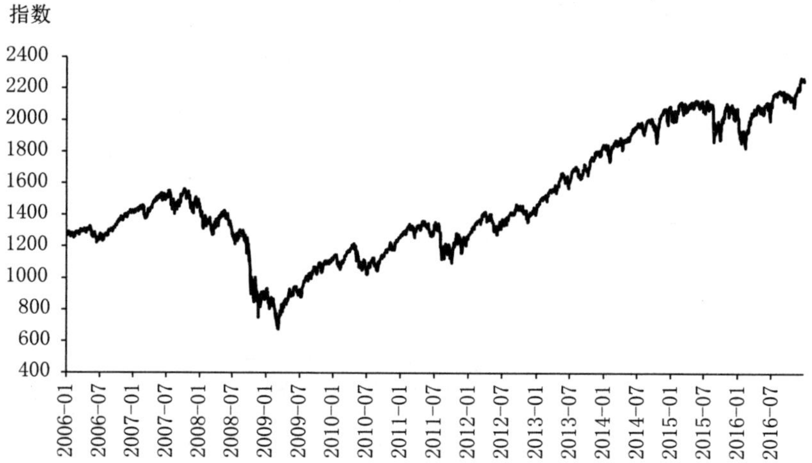

数据来源：CEIC

图 12-5　美国 S&P500 指数

商品怎么走呢？最近商品价格也在涨，其中既有商品自身供需形势的变化（如石油减产等各种原因），也有美元升值的影响。按惯例，美元升值对大宗商品价格的影响应该是负面的，但现在却是正面的。一定程度上讲，现在，各种资产类别的走势，互相之间并不完全协调，值得警惕（如图 12-6）。

数据来源：CEIC

图 12-6　布伦特原油价格与伦敦铜价

再看黄金。黄金价格最近调整下来了，和美元升值有一定相关性。在我看来，假如各类不匹配资产类别的价格将来终究会匹配回来，很可能以一种非常剧烈的形式实现，换句话说有可能以金融体系的一种风险释放表现出来。这很可能发生在 2017 年，导致金融市场动荡。从这个意义上讲，黄金作为一种避险资产，届时会有不俗的表现。因此可以利用目前的回调加仓，作为资产配置中的一个对冲工具。

三、中国能顶得住吗？

特朗普上台之后的全球金融市场，我觉得只是一场更大金融风暴的预演，真正的大浪还在后面。世界各大中央银行已经意识到放水无效，已在逐渐调整货币政策，这对全球金融市场会造成更大的影响。我不知道上述金融风险会在什么时候释放，在哪个领域释放，因为风险点实在太多。

如果全球经济与金融市场在2017年出现动荡，作为全球第二大经济体和新兴市场第一大经济体的中国，其经济与金融市场无疑会受到冲击，中国内地和香港股市也很难幸免。尽管上述风险不容忽视，但也不必悲观。中国经济体量大，人口多，年人均收入水平只有9000美元左右，城镇化率还很低，经济成长的空间非常大。只要中国经济成功实现转型，中国经济中长期向好的基本态势并没有改变。投资者要审时度势，把握中国经济转型过程中的巨大投资机遇。

我们预计，在2017年，中国经济转型的速度与改革开放的步伐会加快，市场机制会得到更充分的运用，经济增长的效率会得到提升。我们认为，宏观决策层有决心在2017年展开中国经济转型的攻坚战，通过市场化手段去产能、去库存、去杠杆，关闭“僵尸企业”，打破“刚性兑付”，控制“道德风险”，挤压资产泡沫，加速市场出清，去除经济体制中的“毒瘤”和“定时炸弹”。虽然这在短期内会对经济增长与金融稳定形成冲击，但对确保中国经济中长期的健康可持续发展意义重大。如果投资者做好充足的准备，储备足够的“弹药”，则不但可以顺利穿越周期，而且可以从经济的波动与市场的震动中获得廉价抄底的机会，通过兼并重组发展壮大，成为经济转型的最大赢家。

对股票投资者而言，如果中国内地和香港股市在2017年出现深度下跌，那将是多年一遇的重大机遇。中国经济转型的过程虽然痛苦，但优胜劣汰、市场整合却给优质企业提供了更为友好的市场环境，也给关注公司基本面和长期价值的投资者一个难得的抄底机会。尤其是在“沪港通”“深港通”的交易总限额被取消之后，沪港深三地股市的融通已是大势所趋，一个总市值超过70万亿元人民币（10万亿美元）的中港一体化的股市正在形成，其中所蕴含的各类投资机会不可估量。估计作为全球价值洼地的香港股市会尤其受益。

就目前来讲，内地股市的估值整体依然偏高，股票市场很可能会在2017年经历一场优胜劣汰、去伪存真的洗礼。许多估值高企的“伪成长股”“伪新经济股”很可能会在2017年中国经济的震荡洗涤中褪去昔日的光环，而那些真正具有核心竞争力、高速而又有机会发展的成长型企业则会脱颖而出，成为中国经济转型与股市大浪淘沙后的大赢家。

与此同时，A股还有相当一批估值合理甚至被低估的“蓝筹股”，他们有成熟的商业模式、具有国内领先甚至具备全球竞争力的拳头产品或服务、有稳健的现金流乃至可观的现金分红。虽然这些上市公司绝大部分是在传统的“旧经济”行业，但它们作为优质价值股的投资价值是毋庸置疑的。在过往A股投资者偏重主题、概念、轮动、炒作的市场风格下，这些股票的投资价值被A股投资者低估了。但如果中国经济在2017年展开深刻、彻底而又痛苦的转型，投资者会发现这些公司才是陪伴他们“穿越周期”的最佳伴侣。相信这些蓝筹股在2017年会重放光彩。

至于香港股市，2017年估计更是不同寻常。一方面，全球金融市场的剧烈波动无疑会对香港股市形成巨大冲击；另一方面，通过“沪港通”“深港通”南下的资金有可能成为把港股从全球估值洼地里拉出来的白衣骑士。

整体而言，内地与香港股市存在着明显的估值差异，尤其是许多A–H两地挂牌的上市公司的估值差异巨大，在同股同权、同样分红率的背景下，这种巨大差异显然是不合理的（当然，由于税收、汇率、交易成本等方面的原因而存在小幅度差异是正常的）。在“沪港通”“深港通”全面启动以后，尤其是在2016年8月16日取消港股通净买入总限额之后，理论上讲，南下资金每年净买入港股的上限可以达到 4 万亿元港币，这对市值只有 25 万亿元港币的香港股市而言，完全有可能在 1 ~ 2 年内成为改变市场交易风格、改变港股定价权的重要力量。

另外，港币与美元的联系汇率制令港股资产等同于美元资产。如果 2017 年人民币汇率贬值预期依然较强的话，港股完全有可能成为内地投资者变相实现人民币汇率对冲的工具。届时通过“沪港通”与“深港通”购买港股有可能成为内地投资者的“标配”。一旦越来越多的内地投资者意识到这一点，港股估值的修复很可能只是一夜之间的事情（类似 2015 年 4 月的情况）。投资者需要关注这一历史性的机遇。

黄金与全球资产配置

Tangent 基金首席策略师 James Rickards

1991 年我第一次来到中国，当时的浦东有部分已经建好了，还有部分仍在建设中，与今天的景象有很大差别。我很惊讶今天的浦东与过去相比有如此大的变化，太完美了。中国人，尤其是上海人应该为有这样一个世界级金融中心而感到骄傲。

本文主旨是黄金与全球资产配置。我想申明的是，我不觉得黄金是一种商品，它与人们的想法、预期相关。尽管在外汇领域黄金代表财富，大多数人把它当作商品，但事实上并不是。因为黄金除了能代表货币以外，还是人类的好朋友。商品的定义是人们将能流通的特性加入到特定物质中形成的。能源、土壤、食物所有的这些都是商品，黄金的工业特征很少，珠宝类的黄金只占了 17%。尽管黄金是货币的最好表现形式，但不是商品。

一、全世界都想要通货紧缩？

首先，第一个问题是：什么是货币？历史上货币有不同表现形式。传统的货币的定义是它们有储存价值，可以用来积累财富，可以作为交换的媒介，也可以作为计量的单位，比如贝壳、黄金、美元、金币、珠宝、银币、比特币、数字化货币等。所有货币的背后都是“信心”，如果我给你一种货币，你拿去后可以兑换服务或商品，别人也可以从你这里拿去使用，能起到这种作用的就是货币。基本上货币的本质就是信心，也就是信用。但当今世界存在的一个问题是黄金的总量越来越不能满足社会经济需求。而且货币背后的信用是不稳定的，有时会急剧下降。而一旦信用下降，要重新赢回信用就非常难。

让我们首先从美元与美联储开始。美联储正在面临一个难题，想要在通货紧缩的世界达到 2% 的通货膨胀，而他们在过去的 5 年都没有达到这一目标。而且，由于全世界都处在通货紧缩当中，人口因素、债务、去杠杆、技术都在导致紧缩。人口方面的原因是 GDP 与有多少人在工作是有直接关系的，这是产生 GDP 的最根本方式。但是，如果你的国家人口数量在下降，比如日本的人口数量在下降，中国的人口数量也增长非常缓慢，而美国却由于移民人口的进入一直在增长。人口增长率较多的国家在增长 GDP 方面比较有优势，人口是通货紧缩的原因之一。

第二个因素是债务问题。我想说明的是为什么债务是通货紧缩里面最重要的一个原因。人们不想借债，也不想消费，这也是自 2008 年以来通货紧缩的一个重要原因。去杠杆和技术也是导致通货紧缩的原因，但是要说的太多了，这方面我就不再赘述。

全世界都想要通货紧缩，因为全世界在过去的一百多年都处在通货膨胀当中。问题是政府不能让经济通胀，美联储不能承诺通货紧缩，因为在债务方面，如果我欠你 1 美元，由于通货膨胀或者通货紧缩，会变成 1.05 美元或者 0.95 美元。在通货紧缩情况下，货币的真正价值提升了。美国的债务与 GDP 的比重达到了 104%，这是一个危险的比重。美国银行说比较健康的比例是 60%，但是美国最近几年的债务与 GDP 的比重也在上升。发达国家在面临这样的问题，新兴市场国家也同样在面临这一问题。

另一个是税收方面，你达到了什么样的工资标准就需要交相应的所得税。政府还没有找到在怎样的税收条件下，通货膨胀状况能达到最佳。而通货紧缩时，对债权人、对银行都是有好处的，这是对的。

二、“你不可能每次都获得你想要的东西”

政府的各项政策都是为了达到通货紧缩的目的。但是，问题是我们的政府为了达到去通胀的目的，就需要更多的通货紧缩政策，因此，美联储利用许多通胀工具或方法：低利率、NIRP、量化宽松、改变经营方法、前瞻指引、不能兑现的纸币、货币战争等。这些都是美联储可以采取的措施，但是如果都使用了，那将有一个问题，它们反而不起作用了。通胀的力量如此强大。

我在这里引用 Mick Jagger 的话：“你不可能每次都获得你想要的东西。”我想说明的是美联储想要达到去通胀的目的，但是并未实现好。我想简单阐释“货币数量论”有助于大家对本文的论述重点有更多的了解，主要是 MV（M 为货币供应量，V 为一个国家的货币流通速度）与 PQ（P 为价格水平，Q 为交易的商品总量）之间的关系。在一个成熟的经济体中，经济增长速度在 2% ~ 3%，少量达到 3% ~ 3.5%。人口和生产能带来贡献，人口可能带来 1% ~ 2% 增长。同时我们也要考量到 M2 的周转率，从 1980 年至 1990 年期间，周转率相对稳定，自 1990 年之后开始大幅下滑，所以我们需要做的是增加 M0（市面实际流通的货币）的供应，因此从图 13–1 中可以看到自 2008 年到 2016 年 M0 货币供应量从 8000 亿美元增加到了 4.2 万亿美元，其目的是为了达到 GDP 最大程度的增长。通胀和紧缩同时存在。

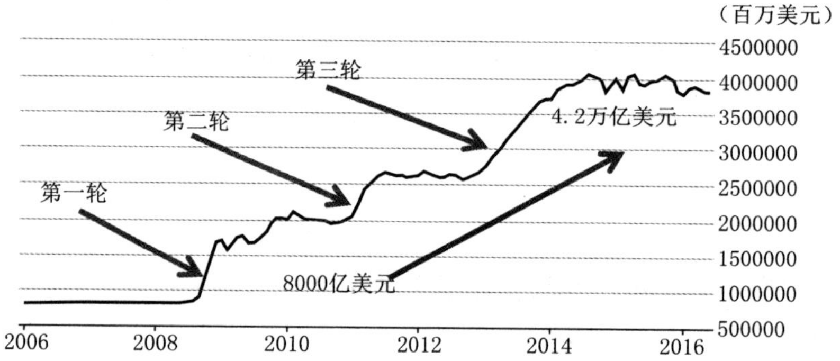

资料来源：美国联邦储备系统

图 13–1　2006—2016 年美国 M0 货币供应

现在你知道了货币政策也有心无力，在增加和减少货币供应量之间徘徊。在 QE1 开始后，货币供应量增加了，QE2 和 QE3 之后也都是增加了。4.2 万亿美元乘以“0”结果是“0”。换句话说，如果没有 M2 周转率的配合，没有人愿意借钱或者消费，经济还是不好。M2 周转率的稳定受到一些因素的影响，更多的是心理方面的问题。取决于你的感觉，如果你感觉很好，那么你会出去，会和朋友一起吃吃饭；如果你感觉不好，那么你将会两周都待在家里，那你的消费是 0。因此现在的问题是 M2 周转率断崖式下跌，不足以让经济得到持续的增长，这个问题是长期的。然而，美联储能在 15 分钟内引起 150% 的通货膨胀。换句话说，就是去通胀不是关键问题，他们在任何时候都可以创造出通胀。美联储有一个会议，通过投票来决定美联储是否通过公开市场操作账户来继续维持黄金的价格。美联储能够以每盎司 2925 美元的价格买入黄金，并以每盎司 3075 美元的价格卖出黄金。

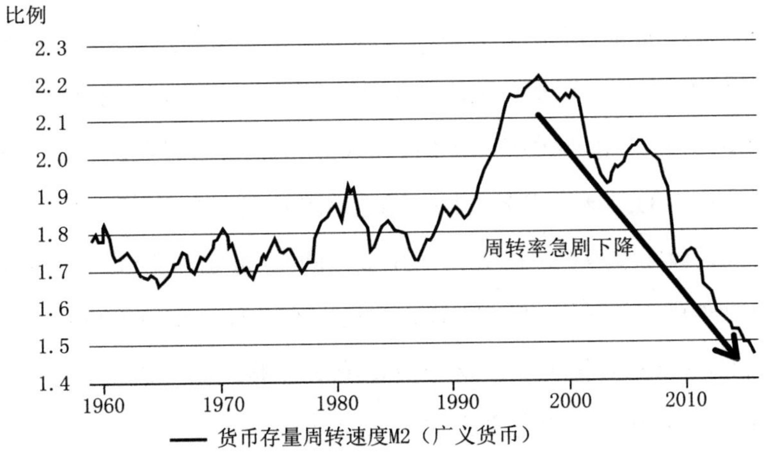

资料来源：圣路易斯联邦储备银行

图 13-2　1960—2016 年 M2 货币供应量

黄金价格上涨 150% 意味着美元突然贬值 67%。如果你这么做了，会有其他连锁反应：每盎司黄金价值 3000 美元，如果金价上涨，相当于每桶石油上涨 100 美元，每盎司银上涨 50 美元，每磅铜上涨 6 美元，等等。与美国 1933 年发生的情况一致。

我建议大家都需要关注这个问题。因为美联储将可以导致通胀，并且也会导致通货紧缩。但是，通货紧缩的政策将越来越难以有效果。总之，这是一个公开市场操作账户的问题。

三、黄金不应该作为货币标准？

现在人们才意识到，没有足够的黄金来支持金融业、商业的发展，但是已经晚了。也有一些人说黄金供应的增长速度赶不上经济发展速度；或者说黄金没有收益，为什么要投资黄金呢；黄金导致了经济大萧条、经济不稳定性；黄金没有真实价值。这些都是现在的一些主流的反对将黄金作为货币标准的理由。我对上述理由的评述如下：

1）没有足够的黄金来支持金融业、商业的发展。全球 M1 货币供应量为 24 万亿美元（美国、中国、欧洲、日本），现在包含了所有主要经济体在内的全球官方黄金供应量为 33000 吨。额外需要 40% 的 M1 作为备用，就需要 9.6 万亿美元。在过去的 19 世纪和 20 世纪的大部分时间里，英国曾经是很成功的黄金中心。官方储备的 33000 吨 ×1200 美元 / 盎司 = 1.4 万亿美元，这个数量绝对不够，那应该怎么做呢？只需要将黄金的价格重新定义即可。现在重新定价为 8265 美元 / 盎司，33000 吨就有了 9.6 万亿美元了（刚好够用）。所以当人们说黄金不够了，其实是不对的，只是黄金的价值没有调整。黄金永远是不够的。

2）黄金供应的增长速度赶不上经济发展速度。每年金矿的产出将带来黄金储备量 1.6% 的增长，而全球 GDP 每年增长速度为 2.9%，甚至更多。基本都比 1.6% 要多。记得我前面说过官方有 33000 吨黄金，但总共的黄金数量有 185000 吨。这也就意味着全世界私人占有的黄金为 15 万吨。你也可以通过购买私人黄金来增加黄金储备。美联储通过印美元来购买黄金，最多能购买 15 万吨，可以用购买黄金来为货币政策提供后盾。

3）黄金没有收益。黄金没有收益是对的，美元也没有收益，它们是两种不同的货币表现形式。有人说我可以将 100 美元存在银行，是有收益的。但是当你将钱存入银行以后，它就不再是货币了。你需要以现金、黄金实物等方式持有才算货币，而且货币也不应该有收益的特性。如果我在某个时间点将1盎司黄金放在抽屉里，一年以后再来看，它仍然是1盎司黄金，不会变成2盎司。它在世界各地都是黄金，纸币形式的美元也同样符合这一特性。

4）黄金导致了经济大萧条、经济不稳定性。金本位带来的金融动荡分别发生在1797年、1837年、1857年、1893年、1907年、1920年、1929年，非金本位时期带来的金融动荡年份分别有1973年、1980年、1987年、1998年、2000年、2008年。我想说明的是金融危机与金本位并无必然的联系，经济危机是由人们对经济的预期改变而导致的。经济危机是经济行为，而经济行为是与人的心理预期紧密联系在一起的，与黄金并没有关系。

5）黄金没有真实价值。李嘉图（David Ricardo）在1811年提出了真实价值理论，研究价值是怎么来的？它的体系是如何运转的？马克思（Karl Marx）在1861—1863年阐述了自己的劳动剩余价值理论，将原材料、劳动力因素引入。说明劳动力并没有换取它该有的价值。门格尔（Carl Menger）在1871年提出了主观价值论，认为价值不是与生产要素相挂钩的，它是主观的，是人们觉得它有价值才有价值。自1981年开始，没有人再关注真实价值理论了。因此说黄金没有真实价值是对的。

四、黄金才是最安全的

21世纪持有黄金的理由是什么？主要是因为黑客攻击，我们有6000次网络金融攻击，全球具备网络金融战争实力的国家除了美国以外，有俄罗斯、中国、伊朗、叙利亚、朝鲜。相比之下黄金更加安全，它是物理存在的，不会因为黑客攻击受到影响。另一因素是网络盗窃，孟加拉人民共和国是世界上最贫穷的国家之一，但是他们把钱放在世界上最安全的地方之一——美联储，但同时也保有黄金的储备。

如图 13–3 所示黄金位于底部，上面是纸币、债券、银行存款、金融衍生品等，问题是金字塔顶部的金融衍生品的数量在不断增多，而黄金的比重在下降。如果一部分黄金被运到上海，那么在纽约和伦敦的黄金将会减少。人们说如果你要从我手上将纸币回收，那就需要支付给我们黄金。过去几十年，政府的观念是错的，他们一直宣扬黄金不是货币，而民众也不希望全部持有的都是电子货币，因为有可能会被偷走。

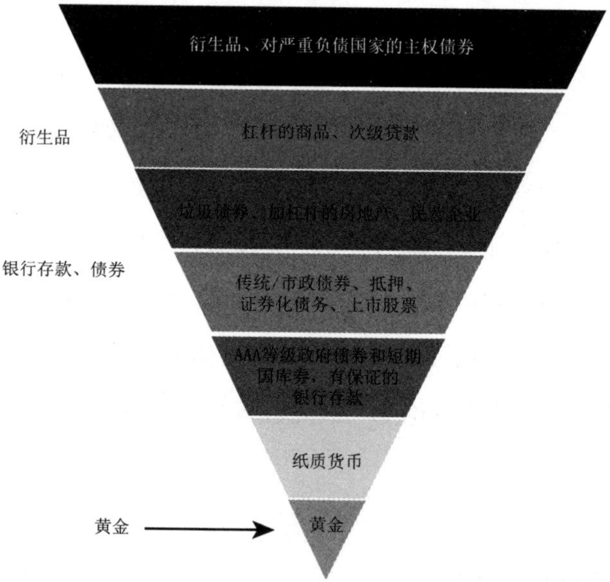

图 13–3　金字塔——浮动供给正在消失

金融危机就像雪崩，可以预测到，但是突如其来的金融危机总是复杂的变化体，独立于商业和信用周期，它与经济发展放缓或增长密切相关。尽管有很多的模型体系可以用来预测金融危机，我们却从来没有准确地预测过它，就像2008年的金融危机。美联储也一直没有解决这个问题。2008年金融危机的发生有以下催化因素：德意志银行、新兴市场信贷、朝鲜核问题、自然灾害等，但是它们只是起到催化作用，并不能为金融危机负全部责任。

无论是在通货膨胀还是在通货紧缩中，黄金永远是最后的赢家。美国历史上最大的一次大萧条是从1927年至1933年，在这7年中通货紧缩30%，黄金价格涨了70%，从20.67美元/盎司上涨到了35美元/盎司。1976年至1981年的大通货膨胀中，在6年中通胀了55%，黄金价格涨了300%，从150美元/盎司，上涨到了600美元/盎司。

新兴黄金轴心国"伊朗—俄罗斯—中国—土耳其"，是全球最大的黄金购买人。俄罗斯自2006年以来的黄金储量翻了3倍多；中国自2006年以来的黄金储备增长了500%，中国的黄金储备具体数字并不是透明的，他们公开的数字是储存了1600吨黄金，但实际上可能达到了4000～5000吨；土耳其仅11月就购买了超过35吨黄金；伊朗由于核问题的经济制裁，他们在缓解案中获得了超过100亿美元的现金和黄金。你得问自己一个问题，你比这4个国家政府都聪明吗？答案是否定的，他们懂的比你多，因此你需要多储藏黄金。

我建议的资产配置篮子如下：10%的黄金或白银（物理状态的）；30%的现金（国债、现金）；10%的债券（10年期）；20%的房地产、土地、艺术收藏品；20%的私募股权，可供选择的有（技术、风投、宏观）；10%的公募股权（自然资源、金矿开采）。

五、特朗普及他的政策艺术

特朗普的宣言应该被看作是谈判中所持的立场，他更倾向于一次性买卖，而不是多边关系处理。他把焦点放在了墨西哥、生产和货币操纵上面，货币操纵主要指中国。他准备雇佣一些总经理和CEO，因为他们能把事情办好。因为政客们有的事情说了8年都没做，因此他决定雇佣总经理和CEO这些人。他的顾问团中Navarro、DiMicco、Lighthizer等人都是崇尚公平贸易的鹰派。他有黄金方面的专家顾问Judith Shelton、David Malpass、Larry Kudlow等人。对手方需要积极主动地与特朗普走近，他将取消他觉得不公平的贸易订单。

国际形势研判

“特朗普经济”如何应对？

E C O N O M Y

反全球化的警示

长江养老保险　俞平康

2016 年至今反全球化的话题一直都很火。我就从这个话题开始讨论，如图 14–1 所示，我们把全世界做成一个屏幕，上面有很多愤怒的小鸟在飞来飞去。近几年来，美国占领华尔街运动、欧洲许多右翼党派

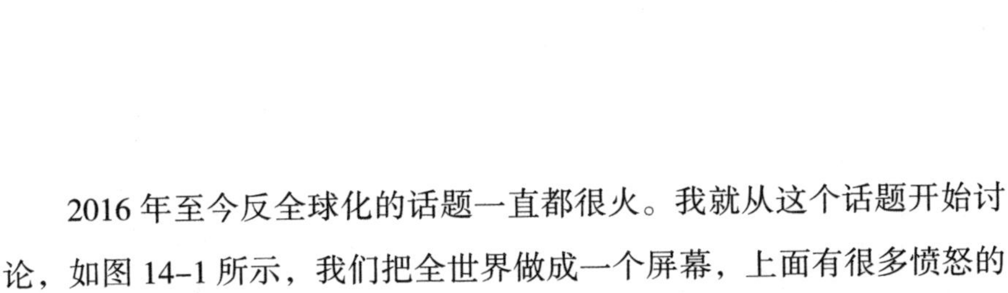

图 14–1 “愤怒的小鸟”

执政等事件频发，大家不得不疑惑全世界这么多“愤怒的小鸟”是从哪来的，怎么会有这么多愤怒的人。

一、全球化与贫富分化

当然经济学家从数据开始说话，我们知道全球化有三大特征，贸易的全球化、金融的自由化、人口的自由流动。在图 14–2 中可以看到，从 1960 年开始一直到现在，全球的贸易总额占全球 GDP 的比重不断上升。全球移民的数量也不断地上升，金融财富不断地积累。那么这不是好事情吗？为什么会有这么多人反对全球化呢？因为并不是社会当中的每一位成员都享受到全球化带来的益处。

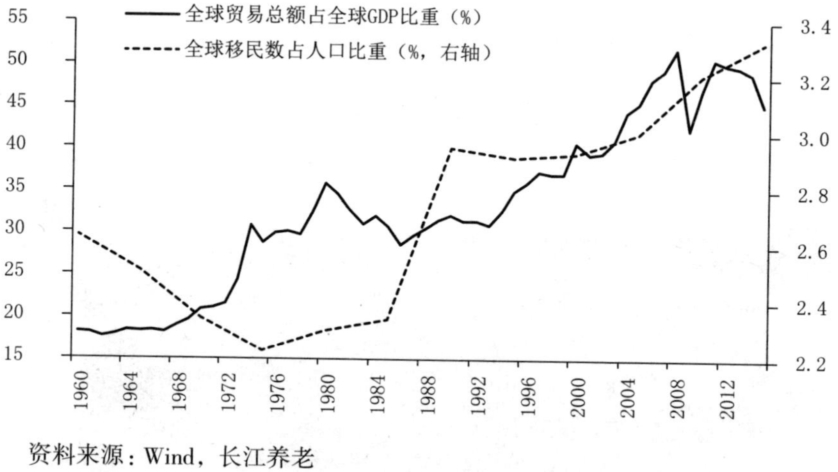

资料来源：Wind，长江养老

图 14–2 贸易全球化，人口流动加剧

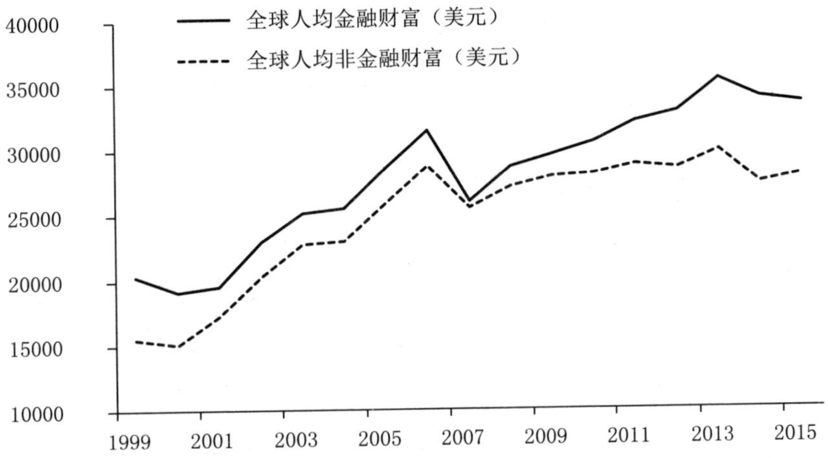

资料来源：Wind，长江养老

图 14–3　金融自由化

图 14–4 包含了很多不同国家的数据，显示了该国前 1% 的人口占到社会总收入的比重。从 1975 年开始，当时美国 1% 的人口占到全社会的总收入是多少？当然这只是收入，并不是财富，你可以拥有一套几百万、上千万美元的房子，只要你不卖掉或租掉，就没有产生收入，我们只是看到收入就已经如此差异巨大。70 年代美国是 10% 都不到，结果 2015 年一路飙升到 22%。其他国家也居高不下，这就揭示了各个国家内部贫富的分化。当然这种分化是全球性的，全世界各个国家都有这样的问题，我们中国也有，虽然不像美国和西欧这么剧烈。

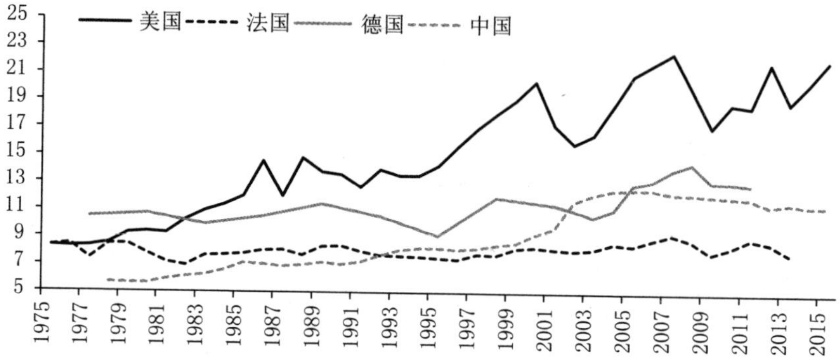

资料来源：World wealth & income database，长江养老

图 14-4　前 1% 人口占全社会总收入的比重（%）

二、美国：内部问题激发民粹孤立主义

内部问题激发的民粹孤立主义，也就是民粹主义和孤立主义的结合。我们看到特朗普竞选上总统，他的一些极端言论，他的意识形态从哪来的？我们从 2016 年 12 月 22 日他任命贸易委员会主任就能看出端倪。他所任命的彼得 · 纳瓦罗（Peter Navarro）是内阁成员当中唯一一位学院派的经济学家，也代表了特朗普经济思想的大脑神经。而同时纳瓦罗也是反华的急先锋，2012 年他把自己的一本书拍成了一部纪录片，叫作《死于中国之手》(*Death by China*)，讲述美国的制造业怎么输给了中国。近几年他又拍了一部纪录片，《卧虎》(*Crouching Tiger*)。他鼓吹在美国和中国之间会有一场战争，所以不得不引起警惕。为什么他的观点会得到美国民众的支持？如图 14-5 所示，美国的贸易逆差不断扩大，到了 2015 年达到了 5000 多亿美元。这其中对于中国一个国家就有 3000 多亿美元，而且对中国的贸易逆差还在不断往上升，这就是为什么特朗普要把中国给单挑出来。如图 14-6 所示，这是美国的就业数据，新增就业人数中总体私营部门在不断增加，但是制造业非常低迷。

怪不得会有这么多的传统产业的工人支持特朗普的政策，特别是像纳瓦罗提出的反贸易化、反全球化的政策。

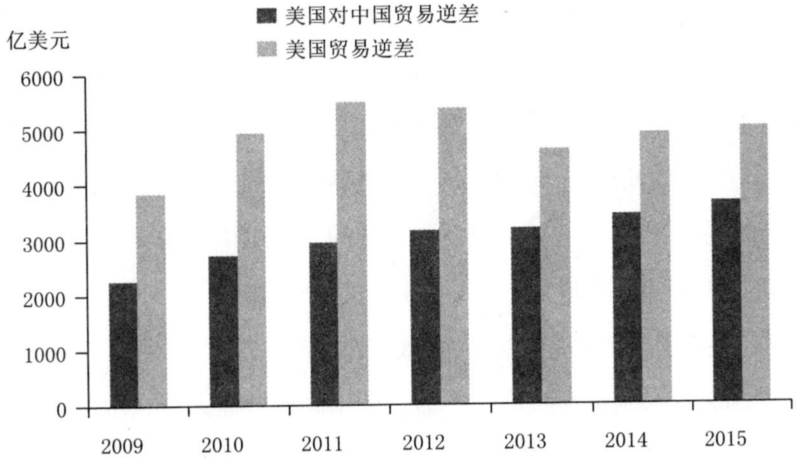

资料来源：Wind，CEIC，长江养老

图 14-5 美国对中国的贸易逆差持续扩大

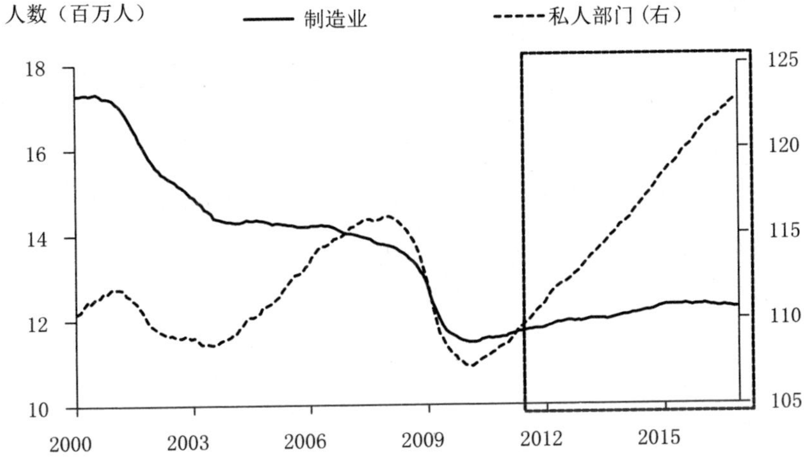

资料来源：Wind，CEIC，长江养老

图 14-6 美国制造业就业人数持续低迷

但是问题来了，我们所有上过经济学入门课的人都熟悉一个被经典证明过的定理，贸易使所有人共同致富，使所有人的状况更好。一个经典的例子，土豆和西红柿，你更擅长种西红柿，我更擅长种土豆，你种西红柿，我种土豆，我们并不是每个人都同时需要种土豆和西红柿，结果整个加在一起我们生产的土豆和西红柿都更多。但是问题来了，问题的本质在于什么地方呢？突然有一天种西红柿的人说我要你的土豆，但是我不给你西红柿，这正是现在中美之间贸易发生的重要问题，但是并没有被美国媒体着重讨论。

图 14–7 是关于高科技产品，我们知道中国的科技水平没有美国发达，美国更擅长制造高技术的产品，而中国制造业大多是制造低技术的产品。中国进口很多高技术产品，在 2015 年达到 5000 多亿美元。而美国向全世界出口它的高技术产品，到 2015 年，它向全球出口了 3000 多亿美元的高科技产品，但是它只向中国出口了 300 多亿美元，因为有很多方面的出口限制。我们把这个数字联系起来看，美国出口了 3000 多亿美元的高科技产品，美国对中国的贸易赤字是 3000 多亿美元，我们不看其他方面，只要把高科技产品对中国的出口限制稍微放开，很容易就把贸易赤字填平了，甚至它向中国出口更多的高科技产品，能够很容易造成对中国出口的盈余。所以美国本身并不是自由贸易的表率，它在指责中国进行一些出口方面政策干预的时候，自己更有问题，这是问题症结之一。

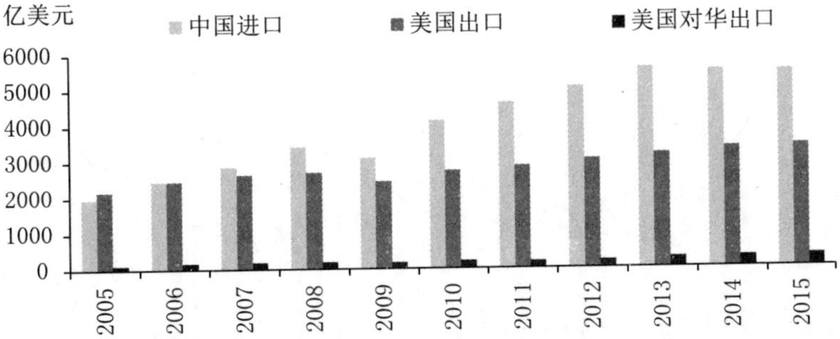

资料来源：United States Census Bureau，Wind，长江养老

图 14-7　中美高新技术产品贸易

我们来看美国其他方面的问题，当它从全球贸易当中获得利益之后，在国内并没有进行公平的分配，这使得大众的怨愤四起，从哪看出来呢？美国的各阶层收入分化日趋严重，如图 14-8 所示，从 1975 年到现在每一年的数据都有。这是由 2016 年刚刚建立的世界财富和收入的数据库（几位研究不平等的著名学者建立起来的数据库）提供的数据。这条黑线代表前 1% 的人口占社会总收入的比重，同时我再强调一遍这只是总收入，不是财富，财富的分化更加严重。前 1% 人口的收入占到当年总收入的 22%。图中上方浅灰部分几十年在不断扩大，这只是前 10% 的人口占到社会的总收入却是 50%，非常惊人。而整个全社会后 50% 的人口占到总收入多少？区区 10%，能看到图中最下面黑色的柱子不断缩小，这也就告诉我们问题的严重性，大家的愤怒从哪来的，从分化日趋严重来的。钱被谁赚走了呢？为什么被 1% 的人赚走了呢？

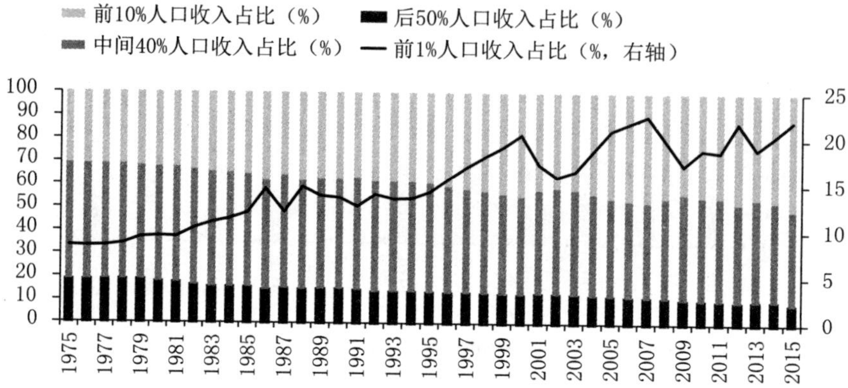

资料来源：World wealth & income database，长江养老

图 14–8　美国分阶层收入占比（%）

图 14–9，代表美国几十年来的生产力不断上升，但是浅灰色的线代表家庭实际收入数停滞不前，也就意味着你的工资停滞不前，但是谁拥有资本，谁是资本家就能获益。图 14–10 中浅灰色的线是美国的不均衡系数不断上升，和股票的指数、房价的指数有强大的相关性。大家的不满来自于没有享受到全球化带来的好处，钱都被有钱人赚走了，富者更富，贫者更贫。但如果有一天穷人可以变成富人，通过读了好的学位，或是通过自己的努力变成富人，那么这个问题也会平缓很多。但是我们看到盖茨比曲线（如图 14–11），纵轴代表代际之间流动性的数据，美国接近 0.5，父母一代和子女一代收入的相关性非常大，就说明了阶层之间的固化日益严重。也就是说，一个人自己现在没钱，这本身不是最坏的状况，如果自己的下一代也不能通过自己的努力变成富人的时候，矛盾就激化了。

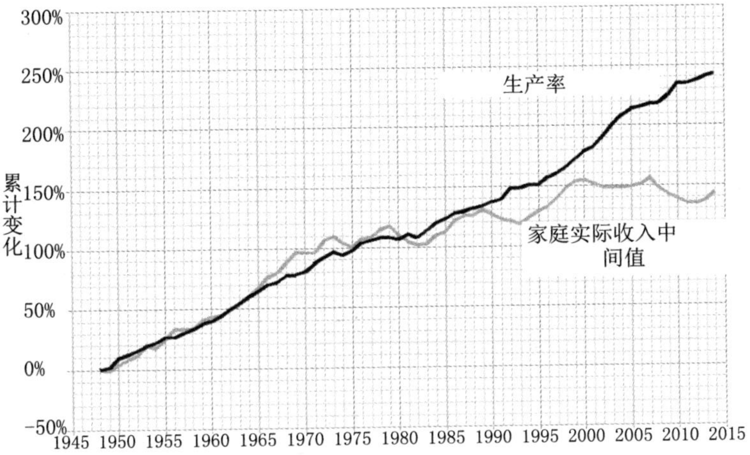

资料来源：Major Sector Productivity and Costs Database, US Bureau of census, Wind, 长江养老

图 14-9　产能提升并未让美国中产家庭受益

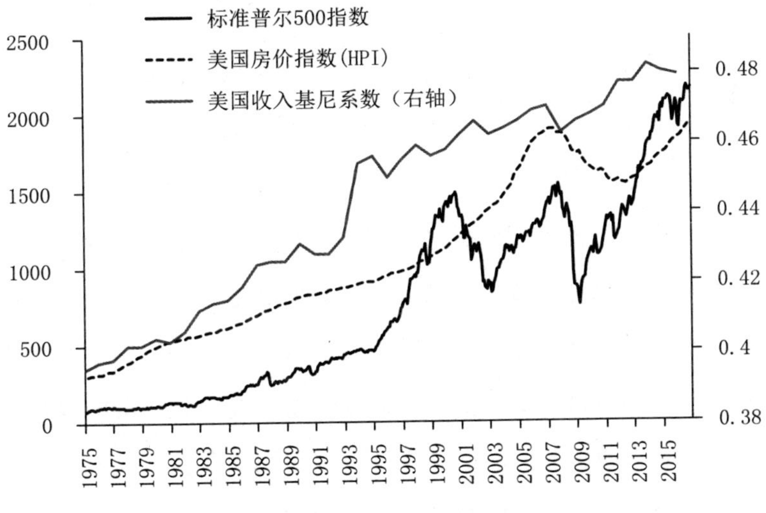

图 14-10　房价、S&P500 指数与收入基尼系数

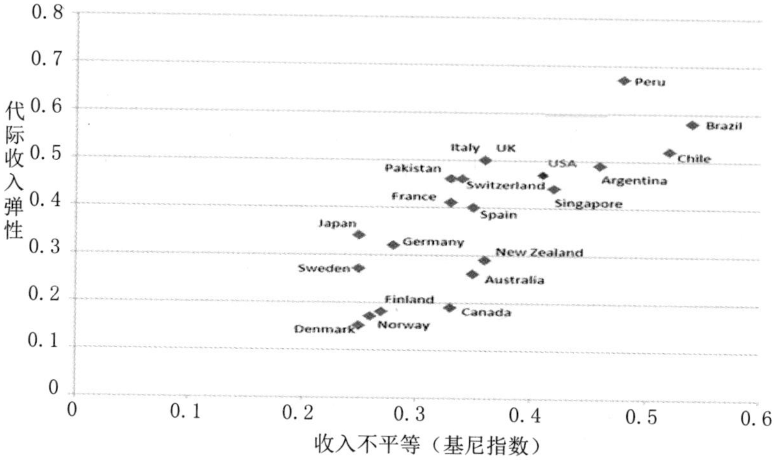

资料来源：Corak（2012），长江养老

图 14-11 盖茨比曲线

再看更进一步，当一个人自己没钱，自己的下一代也不可能通过自己的努力变成富人的时候，但如果自己完全放弃了希望，做个懒汉，能享受社会福利，也不错啊。问题是社会福利也在减少。如图 14-12 所示医疗的开支在不断增加，个人的医疗开支不断增加。当然很多人是健康的，没有去看医生，但是付的医疗保险费用也要不断增加。如图 14-13 所示，浅灰色的线代表次贷危机之后州政府和地方政府对于教育的支出不断下降（美国的教育经费主要来自于州政府和地方政府）。我们看到，一个人自己没有享受到全球化带来的好处，自己的下一代也不可能通过自己的劳动致富，而自己要当懒人的时候，也享受不到社会的福利，那问题就来了。所以说，美国的问题本质上在于内部贫富分化差距不断扩大，激发了民粹主义，进而转嫁到了全球化和反全球化。

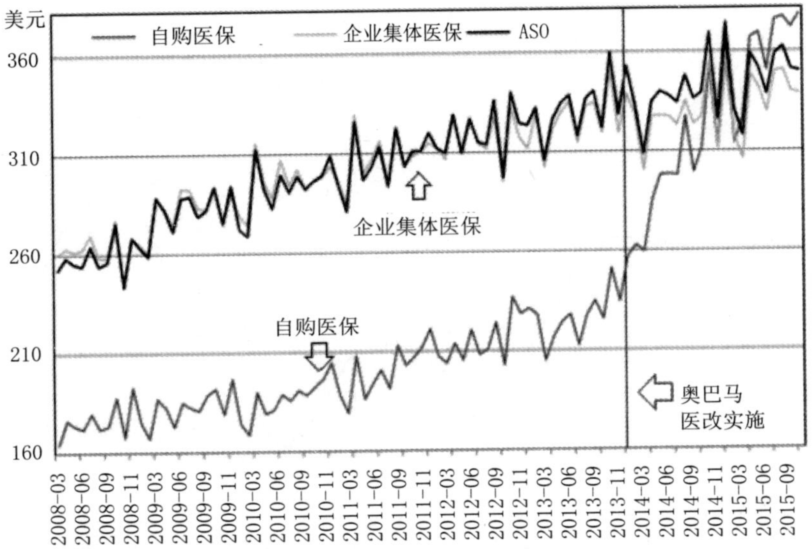

资料来源：Delta Cost Project，维基百科，长江养老

图 14-12　每人每月医疗费平均值不断上涨

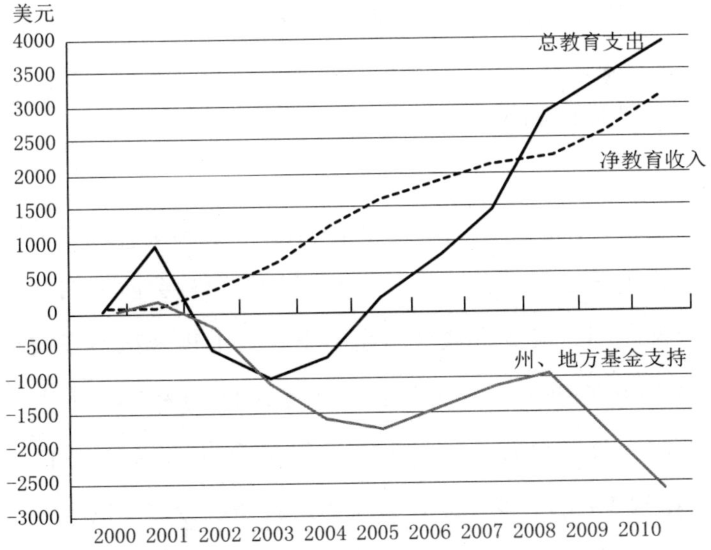

资料来源：Delta Cost Project，维基百科，长江养老

图 14-13　美国教育拨款规模大幅下降

资料来源：EU，Wind，长江养老

图 14–14　欧元区失业率居高不下

三、欧洲：一体化面临考验

欧洲一体化面临的考验大家在 2016 年已经看到了，欧洲的问题在于它的地区和国家之间的分配不均，美国是各个社会阶层之间，欧洲则是各个国家之间。失业率数据居高不下，几十年来虽然在波动，但是还是保持在 10% 以上。关键是各个国家之间的差异非常大（如图 14–15），德国、英国只有 4.2%、5.1%，但是希腊有 24.5%，西班牙有 20.9%。希腊 24.5% 的失业率是什么概念，就是四分之一的人都找不到工作，可见社会矛盾的激化有多严重。

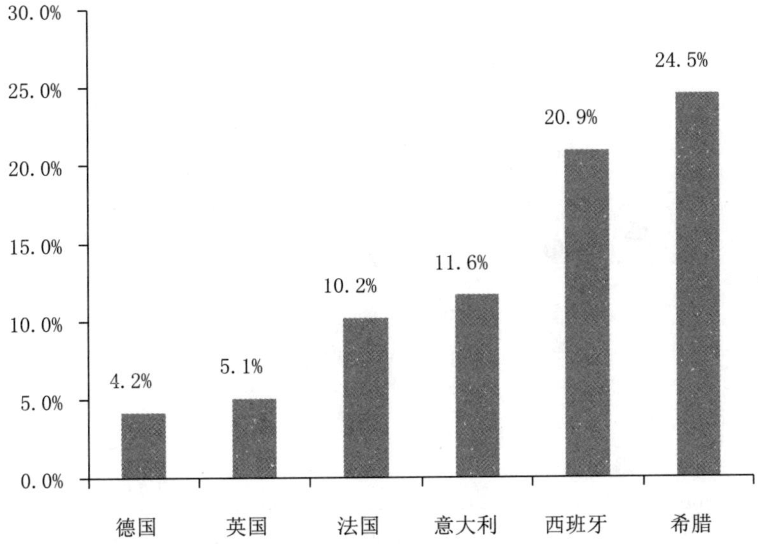

资料来源：EU，Wind，长江养老

图 14-15　欧元区主要国家失业率情况（2015 年）

欧洲各个国家之间只有少部分的国家有财政盈余，但是大部分国家都处在财政亏损中。这些国家财政亏损以后就借债。但是富裕的国家没有承担起一体化给他们带来益处的同时所需要承担的责任：当穷国还不起债的时候不能获得富国的减免，所以矛盾不断激化。

另外，大家对欧盟这个概念也提出了质疑，所以我们看到英国为什么有这么多人选择了脱欧，从图 14-16 中所示的民意调查数据显示，欧洲各个国家中也有很多国家的民众对欧盟不满。我们拭目以待，是不是 2017 年又会出现“黑天鹅”，因为 2017 年法国、德国、意大利等要举行大选。

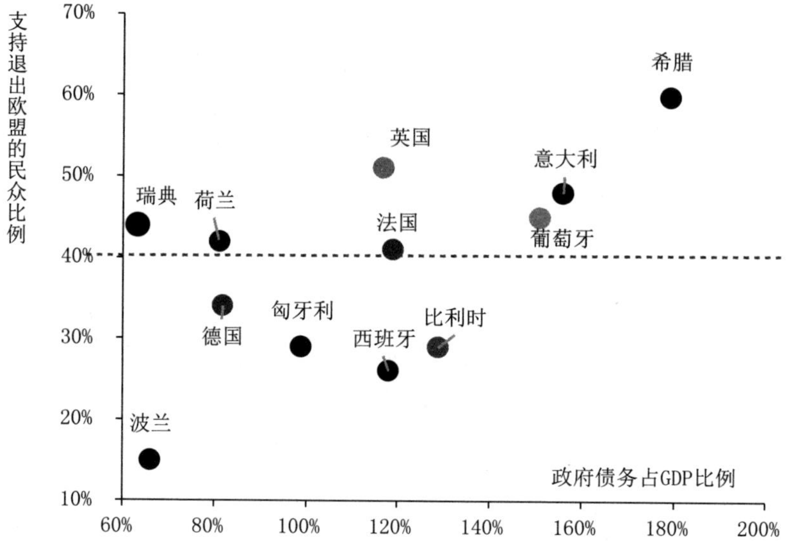

资料来源：Pew Research，OECD DATA & IPSOS，长江养老

图 14-16　欧洲部分国家民众退欧意愿居高不下

四、中国：前进中的希望与反思

美国是贫富分化大，各阶层收入的分化不断加剧，欧洲是各个地区间的分化不断加剧。我们庆幸的是中国这方面的问题不严重，上海人民从来不会因为交的税用来支持边远地区的建设而在人民代表大会里面投反对票，因为我们在同一个国家，而这样的机制在欧洲不存在。我们中国的问题在什么地方呢？中国的贫富差距在近十年当中得到了很大的缓解，但其实还是居高不下，并不乐观。如图 14-17 所示，黑颜色的线是 1% 的人口占到总收入的比重，同时再强调一下这只是收入不是财富，2014 年占到 11.4%。其中，最上方部分表明 10% 的人口占到 37% 的总

收入，最下面占到16%，比美国的情况要稍好一些，但是也不容小觑。从图14-18能看到在不同地区2010年的数据，东部家庭的收入是中部的2.4倍，是西部地区的2.6倍，所以中国的地区分化也是非常大的。

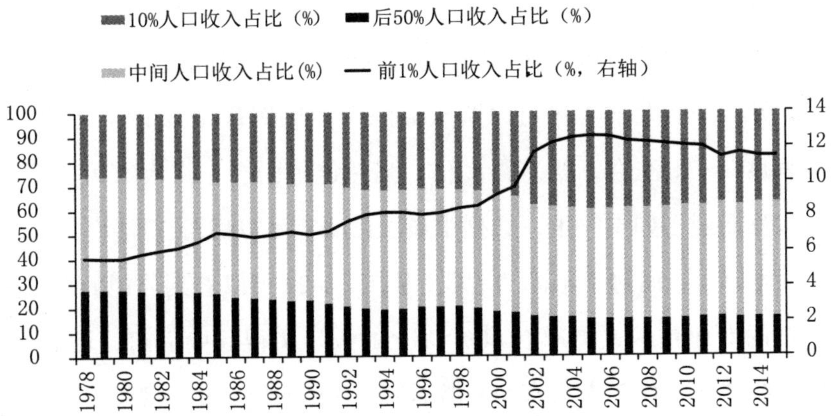

注：数据涵盖20岁以上的成年人口

资料来源：World wealth & income database，长江养老

图14-17　中国分阶层收入占比（%）

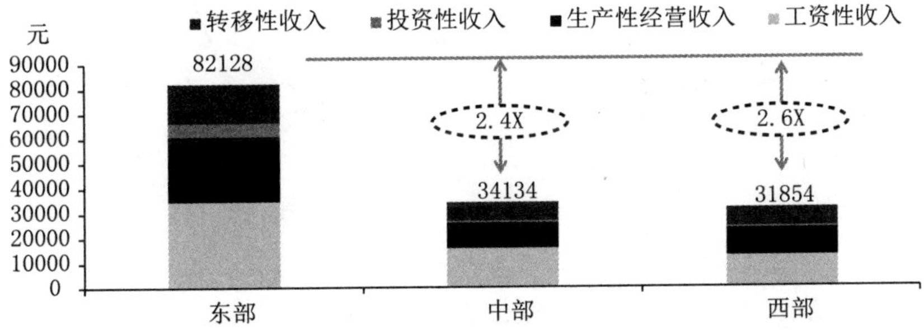

资料来源：CHFS（中国家庭金融调查），长江养老

图14-18　东、中、西区域的家庭年收入占比分布（2010年）

中国的这些分化哪来的呢？我们可以看一下社会保障方面的几大因素，大家立刻就能想到的一方面是房子，还有医疗、教育、社保等。我们看到中国的财富基尼系数随着房价的增长不断攀升，一、二线城市的房价都在不断增长，各个省份之间有非常大的差异，房价对于收入的占比在贵的省份中是便宜省份的 5 倍以上（如图 14–19、图 14–20）。

另外，住房的可得性在不同的社会群体当中也有很大的差异，如图 14–21 所示，上大学本科可以购买商品房的比例是 45% 以上，而小学教育程度是 7% 左右，相差很多倍。当然这里面有一点大家可以看到，研究生反而还不如本科生，数据中显示读研究生以后可以购买住房的比例反而下降了。而对于不同的职业，从图 14–22 可以看到公司的负责人、高科技的专业技术人员都有 40% 以上的人口买得起商品房，而我们一般的一线技术操作工人只有 5% 都不到，这就有巨大的差距。

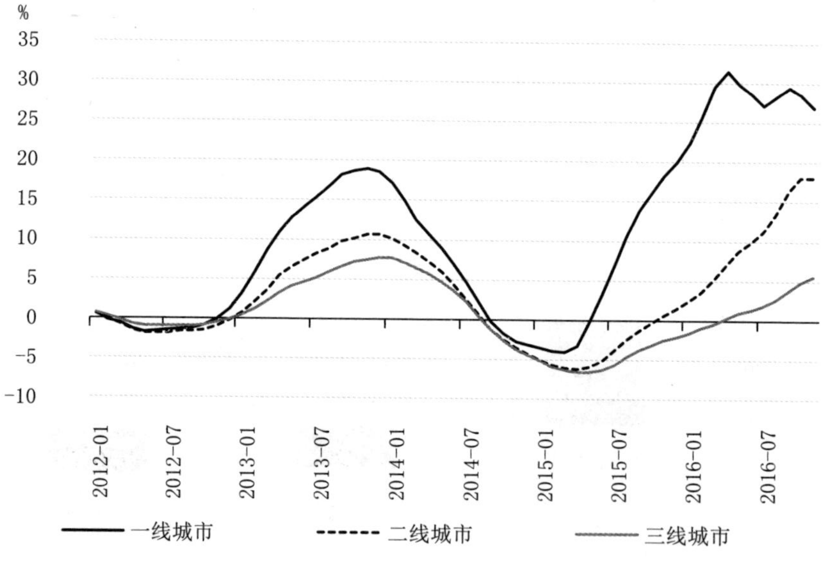

资料来源：Wind，长江养老

图 14–19　70 个大中城市中一、二、三线城市房价同比

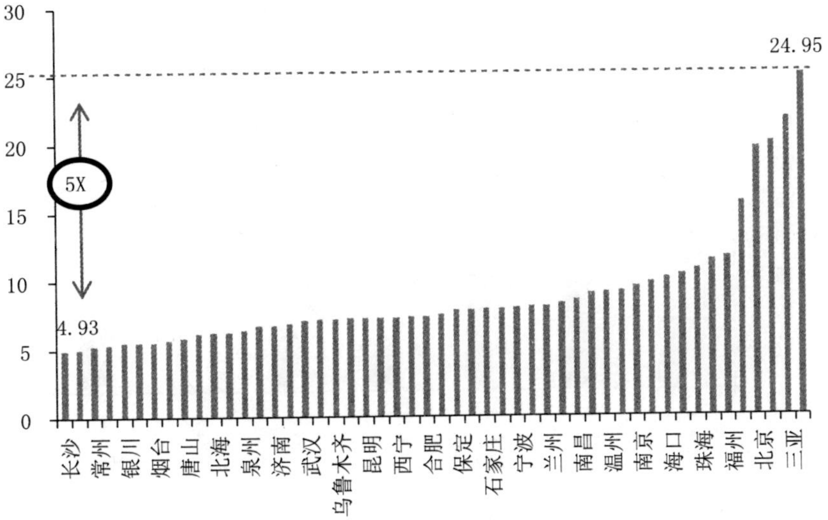

资料来源：Wind，长江养老

图 14-20　中国不同城市间的房价收入比差异巨大

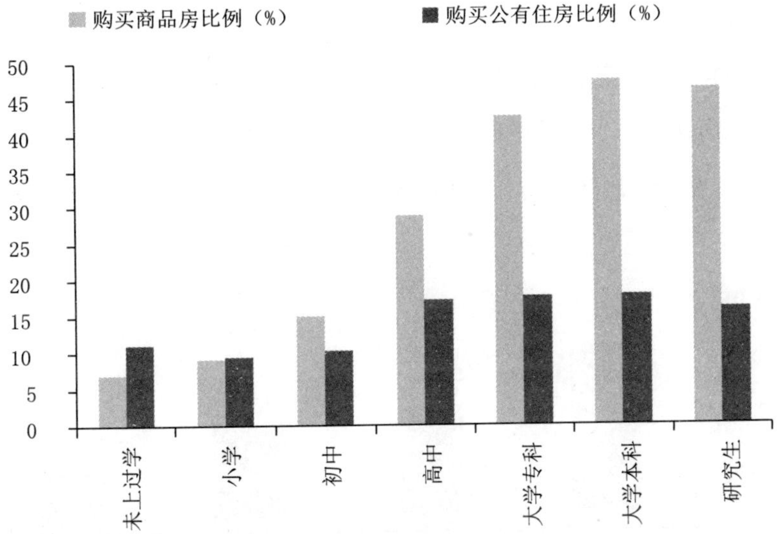

资料来源：2010 年人口普查汇总数据，长江养老

图 14-21　购买商品房与公有住房比例（按教育程度划分）

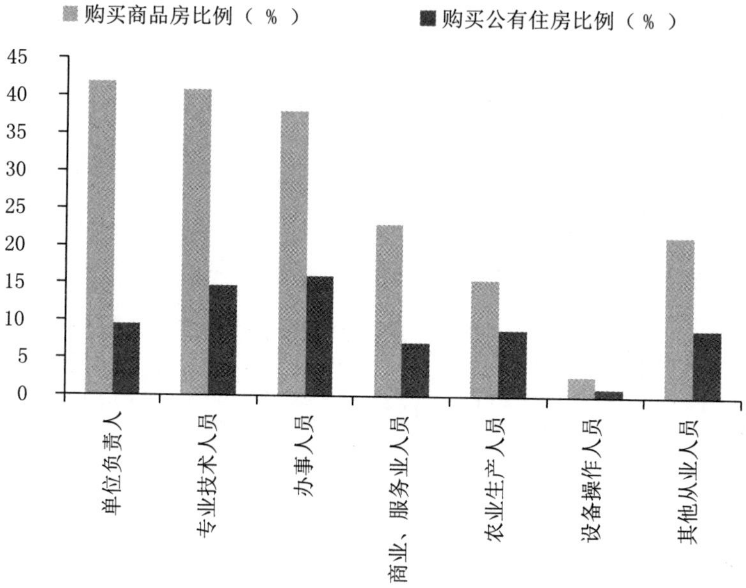

资料来源：2010 年人口普查汇总数据，长江养老

图 14–22　购买商品房与公有住房比例（按职业划分）

同样地，医疗也是，中国总体医疗开支远远低于发达国家（如图 14–23）。我们缺乏一个完善的医疗保险体制，30% 的医疗开支是由个人承担，而且数据在各个地区之间有很大的不平衡（如图 14–24、如下页的表）。

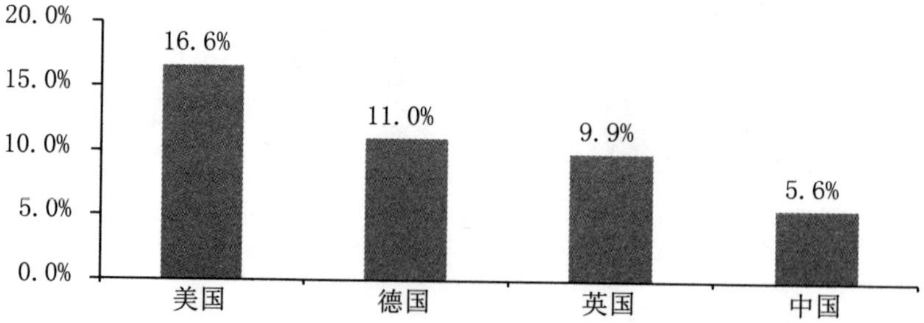

资料来源：OECD，Sigma，长江养老

图 14–23　中国卫生费用占 GDP 比重远低于发达国家

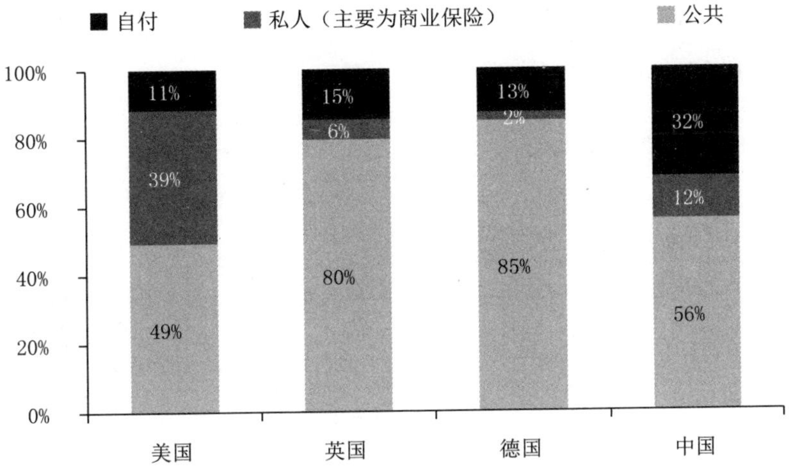

注：1）数据截至2014年；2）私人付费包括商业医保，非营利性组织基金（NGO）等

资料来源：OECD，Sigma，长江养老

图 14–24　医疗费用中个人负担重

表　中国东 / 西部省市医疗保健资源比较(2012 年)

	东部 11 省	西部 12 省	东部 / 西部
医疗机构 (家)	343064	300255	1.1X
公立医院 (家)	4904	4023	1.2X
医务工作者 (人)	3950917	2374321	1.7X
每千人医务工作者 (人)	5.33	4.71	1.1X
母婴医护人员 (人)	115842	78311	1.5X
医疗机构床位数 (张)	2323857	1609610	1.4X
人均医疗开支(元)	1063.7	513.8	2.1X

资料来源：CHFS（中国家庭金融调查），长江养老

再看教育方面，大家都知道教育程度的不同会导致我们下一代的收入不同，而我们自己的收入不同也在很大程度上取决于受教育程度。如

图 14–25 所示，我们看到小学学历及以下的年均收入是 3 万元，到了大学本科以上就能达到 19.5 万元，有趣的是如果大学本科以上到农村去可以赚到 23 万元，所以大学生下乡也是有道理的。

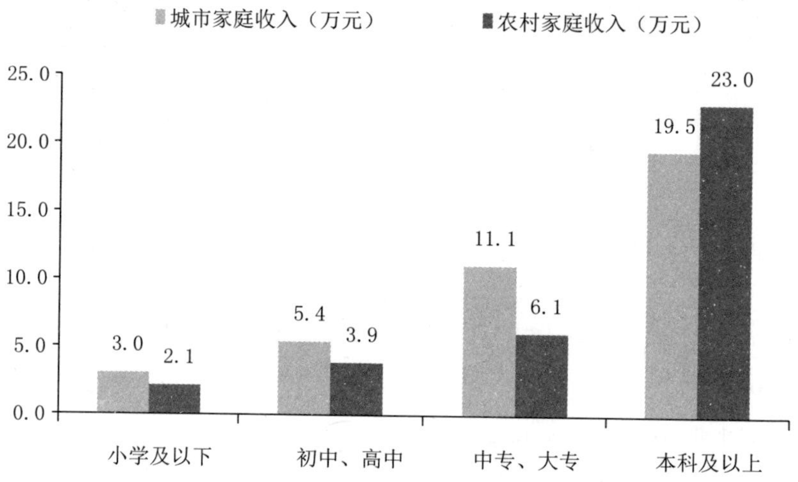

资料来源：CHFS（中国家庭金融调查），长江养老

图 14–25 受教育程度和家庭年均收入比较（2010 年）

我们的教育资源在各个省份之间分配得非常不均衡，北京、上海每万人当中有 2500 人以上的教师，而在四川等人口大省每万人只有五六百个教师（如图 14–26）。各个阶段的升学率，初中升高中，高中升大学，城市是农村的两倍以上（如图 14–27）。

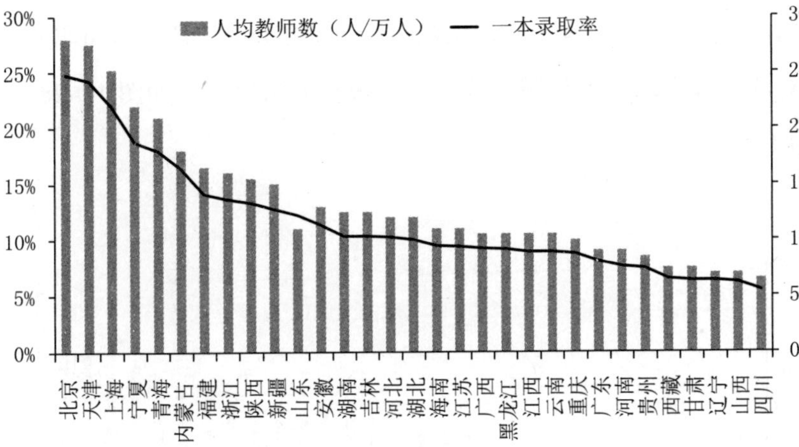

资料来源：教育部，长江养老

图 14-26　全国各省（市、自治区）人均教师人数与一本录取率（2014 年）

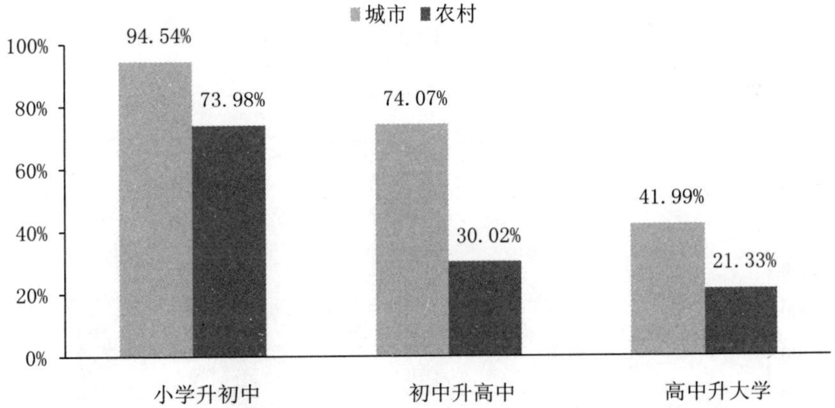

资料来源：中国综合社会调查（2008 年），长江养老

图 14-27　城乡居民各教育阶段升学率

在社保方面也是有所差异，各个省份的社保中基本养老资金有很大的不均衡，有很大部分的个别城市的一些个体工商户，还有自由职业者，都没有获得基本的养老保障，我们还有很长的路要走（如图 14–28、图 14–29）。

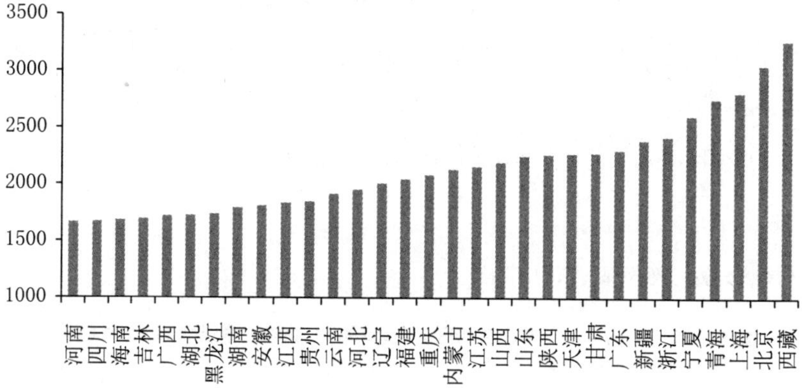

资料来源：Wind，长江养老

图 14–28　我国各省份企业退休人员人均基本养老金（元 / 月）

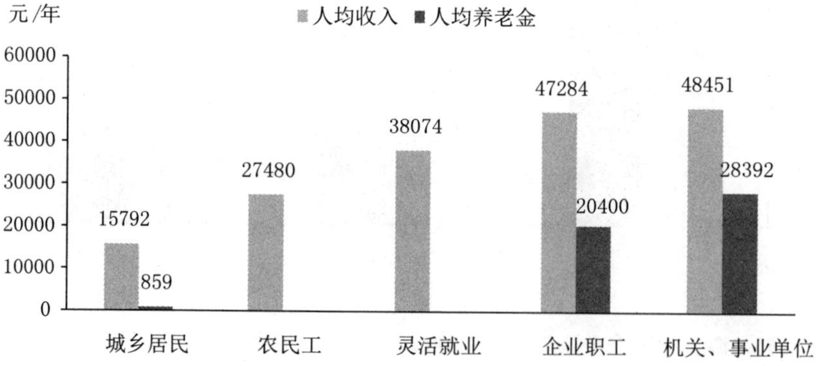

资料来源：《中国人力资源和社会保障年鉴》（2013 年），长江养老

图 14–29　各类人群收入与基本养老金水平比较（2012 年数据）

各个国家也给了我们一些经验，如图 14–30 所示，OECD 很多国家在二次分配之前，转移支付之前和转移之后的基尼系数。基尼系数越高代表贫富差距越大，0.5 以上是警戒线，图中可以看到，德国在二次分配之前的基尼系数是 0.5，但是转移支付之后是 0.3。芬兰在二次分配之前为 0.47，转移支付之后 0.26，所以我们还是有很多的事情可以做的。所幸的是习近平主席在 2017 年的新年致辞中说“小康路上一个都不能掉队”，其实反观近几十年来的全球化的发展，我们能看到在全球化的进程当中，美国各个社会阶层并没有均等享受到财富的分配，贫富分化越来越大，欧洲各个国家之间并没有均衡享受到全球化给他们带来的好处。这种矛盾的激化就激发了民粹主义，被一些政客利用变成了一个排外的、反全球化的思潮。其实也就预示着，我们应该更关注社会各阶层的发展，特别是社会中下阶层的生活状况，通过医疗、住房、教育、社保等福利措施，使全社会共同致富，在奔向小康的道路上共同前进。

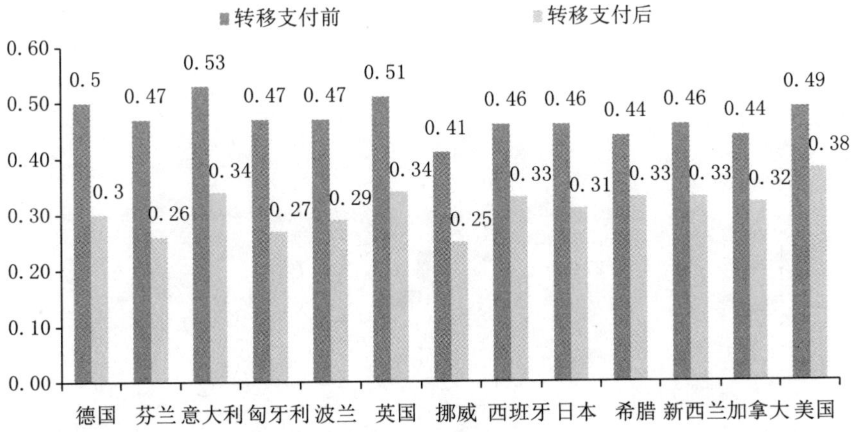

资料来源：OECD 数据库，美国 Congressional Budget Office，长江养老

图 14–30　OECD 国家转移支付前后基尼系数比较（2011 年）

“特朗普经济”预测：特朗普的经济政策与美国前景展望

花旗银行美国首席经济学家 William Lee

现在可以说是“黑天鹅”生长的季节。世界范围内的政治局势带来了很多不稳定因素，这些因素孕育了“黑天鹅”。这些因素有表面因素，也有隐藏的因素。比较显而易见的是日益增加的民族主义情绪、国内的对立、更多的独立主义等，这些使得国际上的对立、分隔等局势增多。它揭示的是人们对政府信任的减少，对机构信任的减少。更深层次的问题在于政局突变，社会不稳定。因此，我们需要政策来减少民族主义，减少对立，减少社会的不稳定，最终稳定全球经济。

一、特朗普对经济的促进作用在哪里？

特朗普赢得了美国总统大选。在美国，政府被划分为三块，总统、国会、司法部门，其中国会能制定法律，然后由总统通过。目前美国主要由两个党派构成，民主党和共和党。司法部门作为监督部门存在。因此在美国，权力并不是集中在总统一个人身上，也不是所有的事情都是他一个人干。事实上总统的权力也是很有限的，也会受限制于国会和司法部。

没有一个党派能够完全控制国会。从历史数据来看，如果我们回到 1800 年，某一个党派完全控制了国会的情况是经常发生的。如图 15-1，其中深灰色和浅灰色代表一个党派控制了国会，空白处代表未被控制。

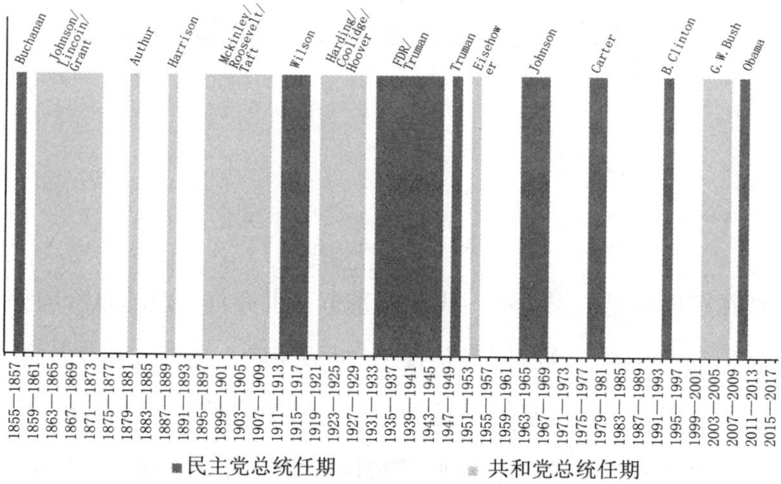

备注：每次时间间隔为国会 2 年周期

来源：美国参议院，美国总统计划，infoplease.com，Enchantedlearning.com 花旗研究

图 15-1　单一政党控制白宫和国会

在第二次世界大战以后，这种情况得到了较好的改善。国会被一党控制的情况大大减少，也就导致了政治上的不确定性增加。

现在我们回到特朗普身上，特朗普提出了一系列的议案。尽管一个人属于某党派，但并不意味着他就一定要按照该党告诉他的去做，去选该党认为应该选的人。他还是可以将票投给别人。特朗普的议案有以下几个：

1）将国外公司利润的 10% 带回国内。我们认为这个政策应该会比较快的得以实施，甚至在 2017 年内就有望出台。

2）将投入 5500 亿美元到基础设施建设当中。特朗普建议私营部门来出资。这些部门只可能是公路、桥梁收费站，但是他们只占 6%，而且其中一半是不盈利的。因此要让这些部门来为基建买单还是挺困难的。需要地方的州政府与中央政府发行国债来预先筹集资金。2009 年发行的国债在 3 年后收益率下降，由于通胀严重，导致政府很难为基建项目筹集到资金。因此特朗普想在 10 年内用 5500 亿美元来基建，并不会对 GDP 起到预期的推动作用。

3）税收改革

第一，在过去的 5 年共和党一直想要将税收流程简化，美国的税收体系一直是很复杂的。从 1980 年以来，收入所得税的数量增加了，现在共和党想要减少种类，并降低税率。所以，我们关心的是哪些能短期实现，哪些能永久实现。现在人们都对特朗普抱以期待，因为税收过去改革了，现在还是有可能会被再一次改革。所以我认为，这次个人所得税的改革能否敲定仍有很多不确定因素。

第二，为了促进经济增长，需要降低企业的税负。我们需要思考的是投资里面的资本性支出会随着企业利润的增加而增长吗？如果你告诉你的董事会说，想要拿出利润的多少来购买机器，你的董事会可能会将你开除，因为你另外还有 2 台机器是闲置的，没有充分利用资源。

因此，特朗普政府的第一个目标是什么？他会改变规则，在新规则下，中国是汇率操纵者，他准备怎么干呢？特朗普是一个商人，他承诺会增加国内的就业岗位数。在国际贸易中，小的国家的贸易政策更加多变。但是，美国作为第一贸易大国，有权制定贸易政策条款。而目前与每个贸易区的政策条款对美国出口来说都不够好，所以要摆脱这些束缚。我推测特朗普的意图是要更多地进行一对一的贸易，来增加贸易利润，提升地位。那他会怎么做？如果你按照他要求的做，他可能不会进行惩罚。他会要求增加对中国商品的输出，也会要求享受更实惠的待遇。目前 TPP 项目已经启动，部分内容已经达成一致。他会说我们已经意识到中国的进步，中国也不再只是制造低价值的商品，已经向高技术、高科技、高附加值的方向转变。如果他们现在向美国的商场输送 T 恤、高科技手机等，那双方需要承诺给对方更多的市场准入许可。正是由于特朗普是商人出身，他行事会更多地从双赢的角度出发。为了达到这个目的，他会尽最大可能争取话语权。而他对中国而言最大的王牌就是汇率操纵一说。他会在谈判桌上与中国争取最大程度的有利条款。

比如美国与加拿大、墨西哥的贸易联盟，美国并没有得到太大的实惠。而就墨西哥而言，它在美国的贸易蛋糕中没有占太大比重。但是却在美国的进口国中占了较大比重。因此，在两个国家之间商榷贸易条款远比在多个国家之间商榷容易。

我可以推断出来的结论是，我们不能把特朗普过于玩笑话，而应该认真对待他。相信他会兑现增加 GDP，增加就业岗位的承诺。这些就是特朗普推出的一系列打包的改革政策。

二、市场信息也并非完全可靠

目前对未来的经济支出规划会增强经济预期，导致利率上升，美元增强。它带来的后果是会降低 2017 年的 GDP 指数。如图 15–2 所示，预期的财政赤字将会从 2015 年的 2.5% 扩大到未来 5 年的 3.5% ~ 4%。这主要是基于成本支出的增长，比如：社会安全、健康保障等。

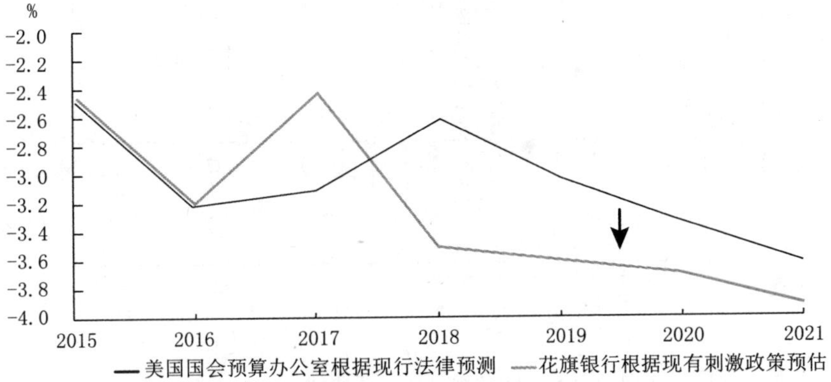

来源：预算与管理局，美国国会预算局，花旗研究

图 15–2　美国联邦预算平衡（赤字占 GDP 百分比）

如图 15–3 所示，叫“财政冲击”对 2018 年造成的影响为 1%，对 2019 年之后的 4 年造成的影响是 0.5%，也就是自 2018 年以后的 5 年内会造成 1.5% 的影响。财政乘数方面，最大的指数源自基建部门，达到 2.2，税收改革在 0.3 ~ 1.5，很有可能会低于 1，并没有我们想象得好（见下页表）。

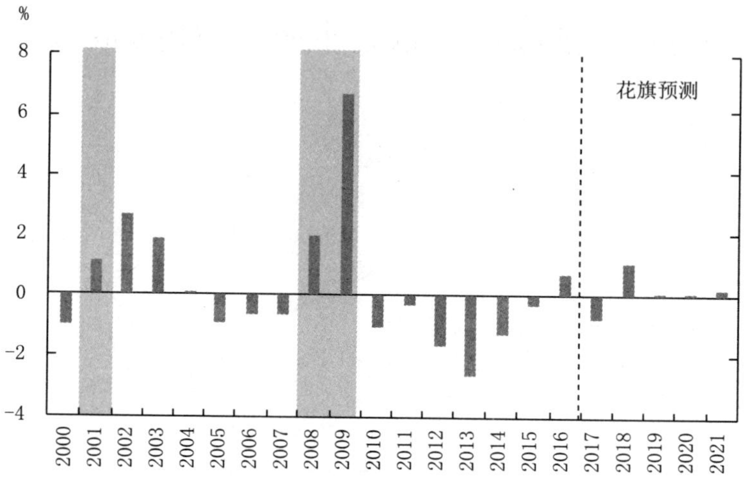

来源：预算与管理局，美国国会预算局，花旗研究

图 15–3　对各年 GDP 财政刺激力度

表　对 2018 年 GDP 财政刺激力度

财政乘数：对美国 GDP 增长造成影响的乘数范围	范围
将基建收入转移到州 / 地方政府	0.4 ~ 2.2
中等收入人群减税	0.3 ~ 1.5
高收入人群减税	0.1 ~ 0.6
企业减税	0.0 ~ 0.4

来源：预算与管理局，美国国会预算局，花旗研究

如果必须要做预测，我会将美国 2017 年的 GDP 增长率下调到 2% 以下，主要是考虑到更高的利息率和美元的上升。由于考虑到财政乘数方面的不确定性，我更愿意将 2018 年的 GPD 增长率相应预期调高到 2.5%。如果按照这种预期发展模式来走，现在的市场中还是充斥了通货膨胀的因素，但是我们觉得还是要到 2019 年以后才会使得 GDP 增长降

到2%以下。通胀因素的确存在，但是对当下的影响并不大。在过去的5～10年，经济泡沫、财政乘数在随着市场不断变化下，我相信市场会慢慢调整财政乘数效应。

为什么我们说不确定因素影响这么大？因为现在市场非常敏感，世界的经济在变差。2012年至2016年世界经济平均增长速度是6.9%，世界贸易总量也在大幅下降。我们可以通过不同的方面来衡量不确定因素的影响。金融市场的不确定性与产权投资市场有很强的联动性。

如图15-4所示，美国前十大报纸记录了每个月这些报纸共使用了多少次“经济不确定性”。这些报纸都有一个非常重要的人物，那就是报社编辑，他们的任务是了解领导人脑子里想的是什么。对所有的读者来说，不论是买方还是卖方，还是CEO，“经济的不确定性”一直是个热词。

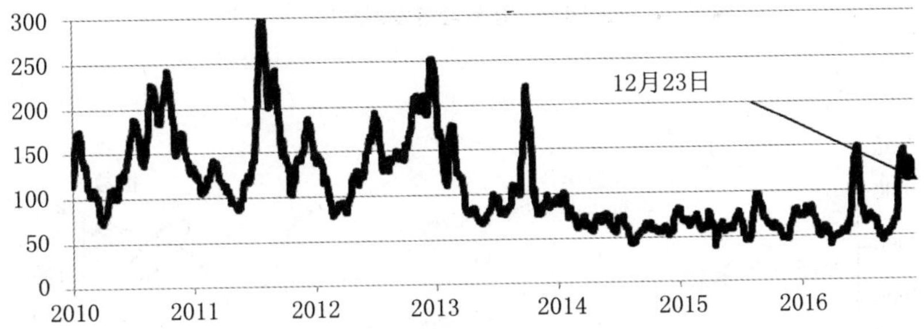

来源：哈弗尔分析，彭博社，花旗研究

图15-4　每天“政策不确定性”搜索次数（每15天统计一次）

就像之前我跟大家说的，不要太相信市场。大学时代教授所说的话：“市场是如此的高效率，它能够高效地处理信息，它会审视每个角度，并传递所有信息”。让我们来看世界经济发展走势与美国经济发展走势图（如图 15–5、图 15–6）。灰色的圈代表市场受到影响，黑色的圈和虚线的圈代表市场在惊吓后又得以恢复。所以，不要过度依赖市场信息，当你从市场中获取信息的时候需要更加小心。因为市场经常会先受到惊吓，然后又恢复了。

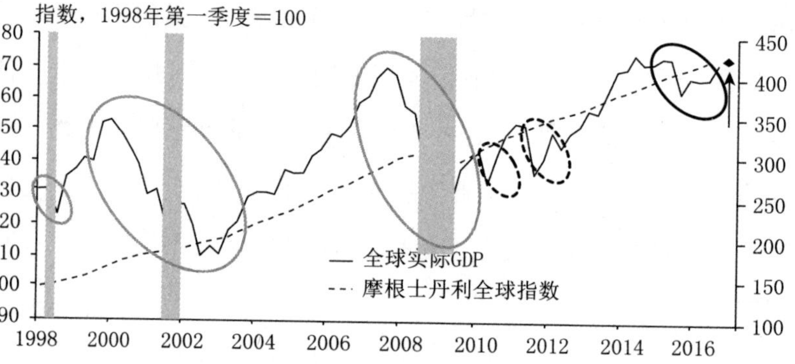

来源：纽约联邦储备委员会，彭博社与花旗研究

图 15–5　世界经济发展走势

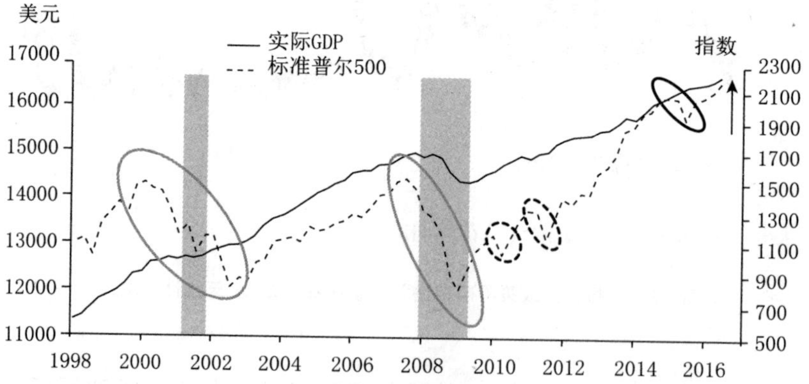

来源：纽约联邦储备委员会，彭博社与花旗研究

图 15–6　美国经济发展走势

三、持续进行的美国经济结构调整

结构化正在负面影响利率正常化，投资增长较慢。二战以后，投资增长率下降到了 5% 以下。如果我们来看最近更新的数据，你会发现投资的增长都是在每次全球性的危机之后开始增加的。最近几年的投资增速下降，主要是由于石油、能源成本的上升。投资很脆弱。商业生产在二战以后急剧下降，整个商品生产中的三分之二都下降了。其中科学技术扮演了重要角色，取决于科技能否较好地推动生产（如图 15-7、图 15-8）。

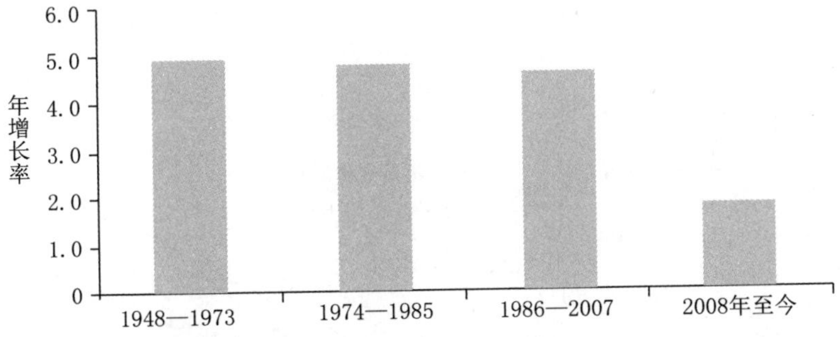

来源：BEA，哈佛与花旗研究

图 15-7　商业固定投资增长

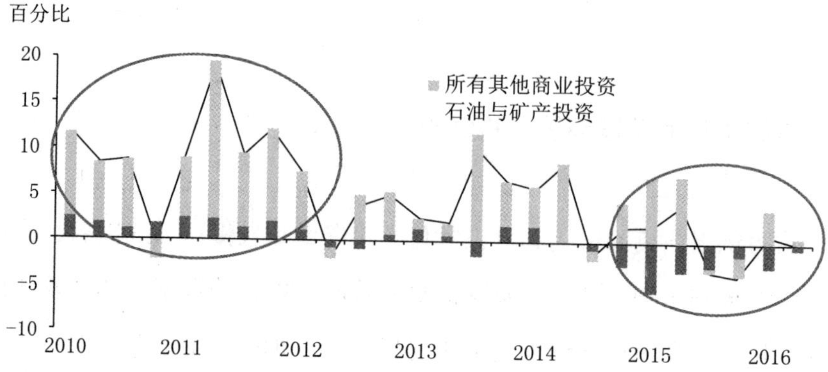

来源：BEA，哈佛与花旗研究

图 15-8 石油与非石油商业固定投资在 2015 年下半年至 2016 年期间下降

那我们再来看看消费方面，收入—消费边际倾向和财富—消费边际倾向都在下降。从图 15-9 中可以看出，自 1980 年以来消费复苏是最慢的，同时也是因为收入—消费边际倾向和财富—消费边际倾向都在下降。

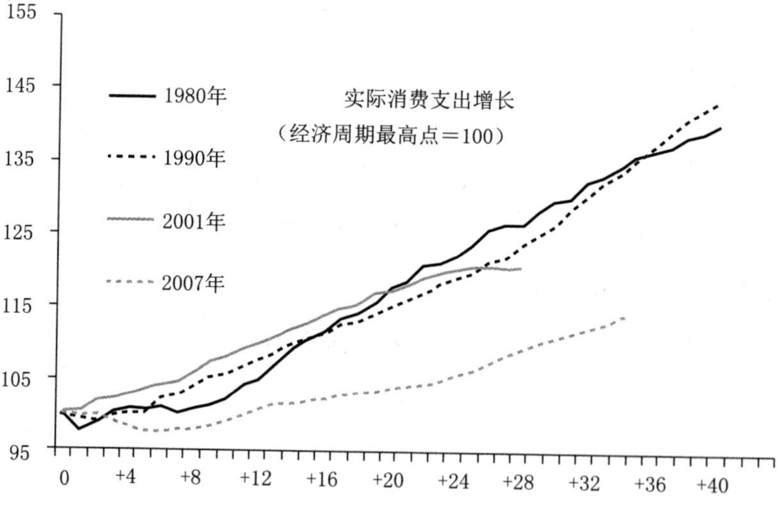

来源：美国经济分析局与花旗研究

图 15-9 季度性周期峰值

股权财富中的消费自 1985 年起都保持在 3% 左右的规模，自 2000 年开始，财富—消费边际倾向开始下滑（如图 15-10）。主要是由三个原因导致的：第一，财富分配使更多的财富进入到了富人的口袋。第二，个人的可支配收入增加，原来只愿意持有某一资产一年，但是现在更愿意持有 2 ~ 3 年时间，也会导致消费的降低。第三，更低的利率。目前很多人年轻的时候储蓄是为了将来养老，那利率下降意味着要准备更多的存款来养老，也会导致消费的下降。收入—消费边际倾向自 1985 年到 2009 年都是处于上升阶段，自 2009 年之后才开始下降。那是因为自此之后大部分的收入增长来源于医疗、零售、健康相关。收入的增长更多地来自低收入工作部门。也正因为如此，个人养老财富的积累也更加不确定，很有可能会更低。但如果你从一份收入低的工作转移到收入高的工作，你的养老财富积累就减少了不确定性。美国的居民储蓄率在过去的 5 年提升了，从 5% 提升到了 5.5% ~ 6%。这些谨慎型消费者会继续保持他们的谨慎。消费预计将继续保持下滑趋势。

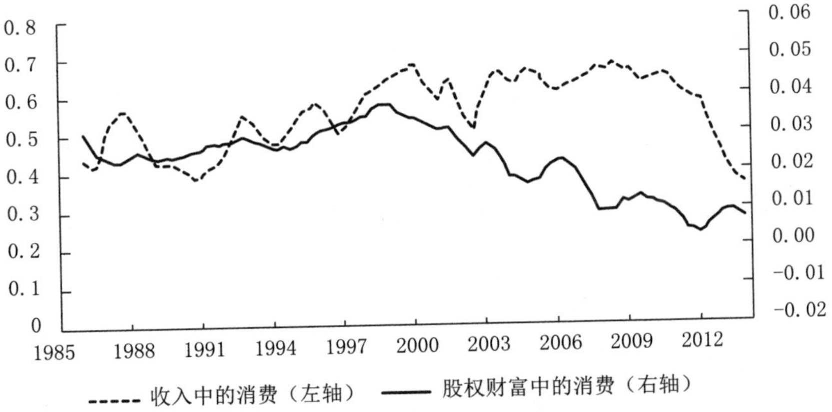

来源：美国经济分析局与花旗研究

图 15-10 边际消费倾向：收入与财富变动占比

特朗普上台以后，由于全球的“黑天鹅”因素不断、政局稳定性减少等因素，也会导致他的政策对经济的促进作用没有我们预想的好。市场的信息也并非完全可靠，美国的经济结构的调整也会进行，但这也会让经济发展速度比前几年慢。

特朗普时代中美经济关系

彼得森国际经济研究所执行副总裁 Marcus Noland

目前有很多的不确定性因素存在，我也不确定是应该更多地理解特朗普的行政政策，还是应该更多集中力量驱使企业向前。特朗普领导集团给政治带来了大量不确定因素。

一、特朗普的竞选模式

总统在美国的权力体系中处于重要地位，虽然有很多的政策是由国会制定的，但总统在国际贸易中也扮演了重要角色，同时也带来了诸多不确定因素。

特朗普在竞选时，他主要强调以下三个方面。

1）强调在国际贸易中的平衡。影响美国财政赤字的主要是 5000 亿美元，而贸易逆差主要是跟中国之间的。有 6 个国家都跟这一问题有关，中国、墨西哥、加拿大、日本、韩国等，特朗普将会采取不同的措施来应对。

2）汇率操控。在他竞选过程中，他的团队一直强调中国是汇率操纵国，将强行征收税率为 45% 的关税。针对墨西哥将会重新制定贸易条款，放弃北美自由贸易协定，强行征收税率为 35% 的关税，甚至很有可能将对特定的公司强行征收关税写进宪法。

3）不利的贸易条款。特朗普将会重新商定贸易条款，他声明北美自由贸易协定是有史以来最差的贸易协定，并且表示他将重新商定或者退出。他也强调美韩之间的贸易协定使美国丧失了很多的工作机会，并表示将重新与韩国商定贸易协定。他还说 WTO 的相关政策对美国极为不利，他很有可能会退出 WTO。而与中国的相关贸易条款也正在重新协商中。

我最近任职于彼得森国际经济研究所，主要负责国际贸易、两位总统主要候选人的研究，并学习了两个贸易模型。我认为发生贸易战的概率会很高，美国将会征收中国税率为 45% 的关税和墨西哥税率为 35% 的关税。金融市场会比较混乱，可能将丧失数百万的工作岗位，而资本类商品可能会遭受重创，损失最大的会是非贸易类商品，劳动力市场的影响也会继续。华盛顿州将是受影响最大的州，而洛杉矶是受影响最大的城市。

因此在此次竞选后期，我们面临了贸易政策的不确定性。特朗普在竞选之外发表的声明中指出：他仍然反对 TPP 项目，但是会暂停在美国和墨西哥之间建一道墙的建议；仍然称中国为汇率操纵国，他将向中国征收税率为 45% 的关税和向墨西哥征收税率为 35% 的关税。但是国会否认了特朗普有做出上面的增加关税的声明；他提出了边界关税调整建议，包含企业税收、WTO 关税方面的协定将继续保持。很多方面都将受到影响，比如教育产业、零售业、电子产品业都将会受到影响。此外，特朗普团队建议设置税率为 5% 的统一关税来减少不同税率之间的差异。这一点令我很惊讶。可能因为墨西哥比中国容易处理。

二、中国议程

特朗普做了一系列比较容易混淆的声明，他所声明的东西与他团队实际能形成条文规定的还是有很大差距。在汇率问题上，特朗普认为中国在操纵汇率，但是事实却与之不符，在美国现行的法律之下未发现中国存在操纵汇率的现象。特朗普可能会去旧的法案里面找中国符合操纵国的条款，但是旧法案不一定有约束力。假如他将中国定性为汇率操纵国，将需要国会法案的支撑，而这一规则是国会制定的，需要通过国会修改法律。更主要的问题是中国加入 WTO 时是作为非市场经济国家，并给出了 15 年的缓冲期，来让中国达到市场化经济国家的水平。因此，美国国会需要走一系列的流程来确定中国在这方面存在问题。

近年来，美国多次使用反倾销措施意味着承认中国市场化并不能对美国的进口商带来较大的正面作用。

另外一个核心的问题就是中国改革问题，美国对中国的改革能否成功，是否会倒退还抱有怀疑。中国或许可以将美国贸易问题提交到 WTO 委员会，或许能赢，而且也将会引起 WTO 的重视，这对中国是有利的。但是，中美两国进入谈判流程，商讨如何平衡贸易逆差问题或许会是更好的方式。美国也在担心中国市场的准入问题。

三、报复性展望

以上这些就是截至目前我对特朗普政策的理解，以及他将会对中美的贸易关系造成怎样的影响分析。下面我将做一些案例分析，比如：中国是否会停止购买美国的飞机等产品。我们对一些行业的数据做了统计分析，根据彼得森研究所的报告，在飞机制造领域，中国停止购买将对主要高科技生产地区造成冲击，比如西雅图、纽约、洛杉矶。你在西雅图、纽约、洛杉矶没了工作感觉还不算失业，但是如果你在密西西比城镇或者其他劳动力密集地区城镇，那就是真的失业了，在这种情况下将导致额外 0.5% 的直接和间接失业率。

因此真正的威胁在于特朗普的政策所带来的一系列后果，以及对宏观经济造成的影响。这也是导致很多问题的关键性因素。特朗普想要扩大基础建设的投入、增加财政赤字、改革健康产业。

如果他想要使用所有的财政刺激措施，虽然能带来短期的增长，但是他需要得到国会的支持和司法部门的支持，最终带来 2017 年、2018 年 GDP 的 1% ~ 1.5% 的增长。正如我说的，短期的刺激也会导致利率上升，美元走强，财政赤字增加。如果特朗普准备减少个人所得税、减少企业所得税，那将会赢得更多人的支持。我相信奥巴马总统将会留给特朗普一个比较富余的国库收入。特朗普想要 GDP 达到 4% 的增长率，比 William Lee 预估的要高出很多。他也向政府做出了一系列的承诺，财政赤字也将会因为这些举措而大幅上升，贸易赤字也会有所增加。

美国与日本的贸易模式值得推广，我们在保护汽车、摩托车、钢铁、电子产品生产方面做得很好。现在美国与中国的关系和 20 世纪 80 年代美国与日本的关系有很大的不同。美日的贸易关系经历了冷战时期，而且日本对美国也非常顺从，与目前的中美关系有着截然不同的区别。特朗普现行的政策是大幅提高关税进行保护，他的团队都有着较深厚的工业化时代的背景，比如对钢铁产业的保护。中国和美国之间有着互惠互利的贸易关系，但是当贸易逆差越来越大，特朗普的政策就会偏向于进行保护，并缩小贸易逆差。让中国对美国打开更多的市场准入，进行更多的改革，双方进行磋商才是更加积极的策略。

新兴市场经济体是否能挺过“特朗普经济”？

花旗银行新兴市场经济部主管 David Lubin

一、特朗普执政会对宏观经济带来哪些影响？

老实说，我的报告指向并不乐观。对于发展中国家来说，已经在面临很多的挑战，但是在特朗普执政的前提下会带来更多压力。特朗普领导将带来哪些政策变化？这些政策对资本流向发展中国家有怎样的影响？从某种形式上来说，特朗普政府会采用宽松财政政策，并紧缩货币政策。问题是会有多松和多紧目前还是未知数。我想提醒大家注意的是，历史上美国所制定的政策会对资本流向新兴市场产生重大影响。

最近一次美国制定的宽松财政政策和紧缩的货币政策与20世纪80年代北美金融危机有深刻联系。但是，很显然我们不会再碰上当时那么糟糕的情景。原因是在过去的3年，新兴市场国家都在加强自己的金融抵御能力和减少自身金融脆弱性。2013年，大多数的新兴市场国家（中国除外）平均的经常性资本账户余额为 50.25 亿美元。这次的危机给发展中国家带来了一个暗示，在经常性资本账户的盈余使他们可以减少对发达国家的依赖。这样就减少了资本流向新兴市场国家的意愿。

结果就是“宽松财政政策 + 紧缩货币政策”会吸引资本从新兴市场国家向美国本土回流，历史也印证了这一点。相反，紧缩的财政政策和宽松的货币政策将会促使美国的资本外流。尽管特朗普政策对资本流向新兴市场国家有影响，但外部条件已经使资本流入新兴市场国家进入了一个历史相对较低的阶段。根据我们的数据，在过去 3 年，流入新兴市场国家的资本数量与 GDP 的比例比过去 30 年的数值都要低。因此，美国强势的宏观经济政策将会导致新兴市场国家的外部金融环境恶化（如图 17–1、图 17–2）。

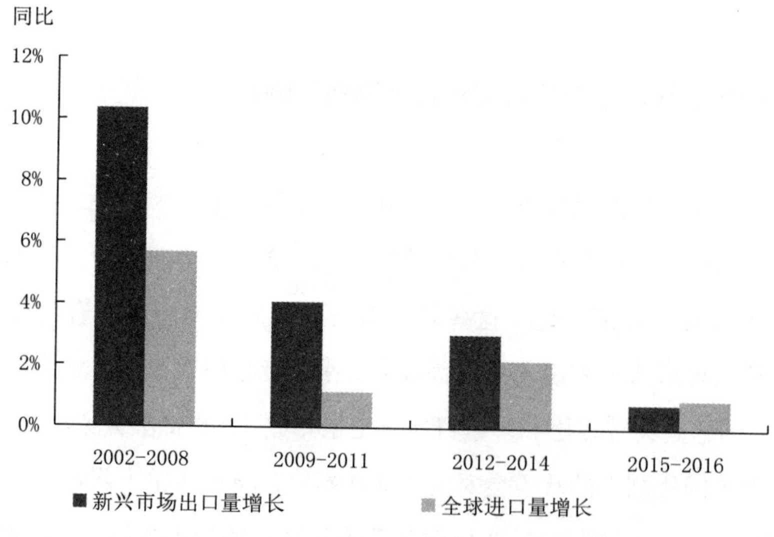

来源：荷兰经济政策分析局（CPB）的贸易数据，花旗银行

图 17–1　新兴市场出口量增长 VS 全球进口量增长

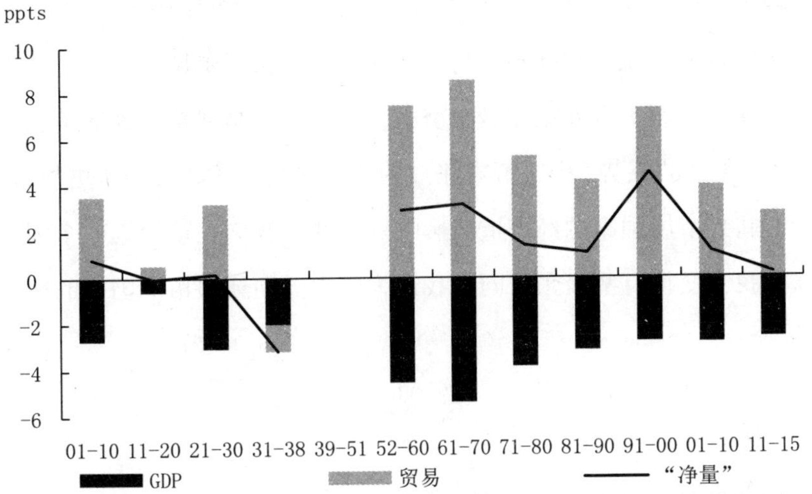

来源：伦敦经济政策研究中心，世界贸易组织，世界银行，荷兰经济政策分析局（CPB），安格斯·麦迪森项目，花旗研究

图 17-2　贸易与 GDP 增长的差别

在过去的三四十年中，我们把美国的货币政策与新兴市场的资本流出量之间的关系看作是一条直线，当美国的政策收紧，资本马上就会从巴西、南非、土耳其等国家回流到美国。这是对的，但是在当今的环境中，我们还需要考虑到一些间接因素——美国的货币政策。

我们都见证了 2015 年美国的货币政策与中国资本账户的存量关系，我们看到的是美国的政策加速了中国的资本外流。2015 年有两次这种情况，一次是 12 月 19 日出现了资本外流，也加剧了国际金融市场的动荡，对新兴市场国家的经济也造成了负面影响。2015 年夏天，在 8 ~ 9 月期间也出现了，也导致了中国的资本外流。在美国的货币政策与中国的资本外流之间起到连接作用的循环在 2016 年初被切断了，它阻止了美国的紧货币政策对中国资本市场的冲击。为什么中国资本账户变得相对稳定，而并没有成为全球经济不稳定性发源地的一个重要因素是因为中国政府所采取的行动。对我来说，在 2016 年 12 月和 2017 年第一周讨论中国资本外流问题并不是巧合。我们能从报纸上读到中国的政策制定者正在为控制资本外流而做出努力，这绝对不是巧合。因此美国的货币政策、美元的强势、中国资本账户的外流之间的关系会变得更加紧密。也会对新兴市场国家的经济造成影响。因此，我们在谈论第一个问题的时候，我会变得有些紧张，同时我认为资本流向新兴市场国家的情况不乐观。

二、特朗普执政会对经济结构造成什么影响？

特朗普将对美国的税收、贸易、投资方面的政策造成什么影响？这些政策能否让美国变得重新强大起来？这些政策能否促进美国的“去全球化”？同时这一“去全球化”会对新兴市场国家的经济带来怎样的影响？

全球化根据其定义，更多的是对小型经济体、发展中国家来说，在贸易中更容易占据较多的优势。从发展中国家在 20 世纪初的 GDP 可以看出，例如印度或者北美洲的 GDP 在整个 20 世纪，直到 90 年代之前都是在下降，一直到全球化开始，发展中国家的 GDP 才得以增加。因此，对发展中国家来说，“去全球化”会产生负面的影响。

全球化是在历史进程中的特定时间段进行的，19 世纪 70 年代和 20 世纪 30 年代被历史确定为全球化的时间段。我们经历的另外一个全球化时间段是从 20 世纪 70 年代起，也是全球化开始的标志性起点。从 2012 年起全球贸易的增长率低于全球 GDP 的增长率，进入低谷。自二战以后，我们还没有看到数据显示连续 5 年的全球贸易增长率低于全球 GDP 的增长率。从 2012 年至 2013 年开始，我们看到了贸易保护主义的逐渐崛起。因此，我们需要更多地关注贸易中的壁垒。关税可能成为美国公司将生产部门从新兴市场国家迁移回到美国本土的影响因素。

新兴经济体中，哪种类型的国家更能适应在这种环境下的生存？因此，我提出两个问题，在紧缩的货币政策带来的风险和去全球化带来的风险中，你想成为什么样的国家？你想成为高储蓄率的国家？储蓄率低的国家更多依赖于国际资本的流入。如果美国宏观政策改变，收紧货币政策，导致流入新兴国家的资本受到限制，那么你要是提高储蓄率会更好。最好是你的国家对美元的依赖不高，如果美元走强，你会希望你的国际收支中没有太多的美元外债。甚至你的国家越封闭越好，因为当你的国家越开放，国际贸易占 GDP 的比重就会更高。同时，你也不希望你的国家与美国的生产贸易账户有过多的盈余，就像墨西哥、中国、越南等与美国的情况。你也不希望你的国家对美国的生产企业的 FDI 投资有太高的依赖。因为他们可能受到特朗普政策的影响，将大规模生产部门转移回美国国内（如图 17–3、图 17–4）。

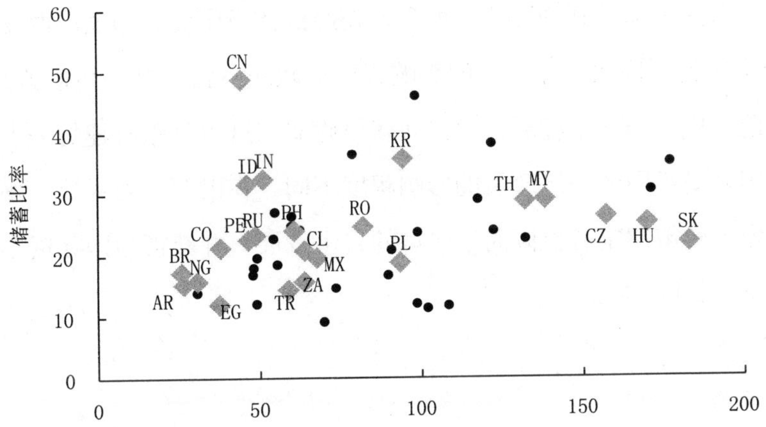

来源：哈弗尔分析，花旗研究

图 17–3　贸易占 GDP 比重（横轴）

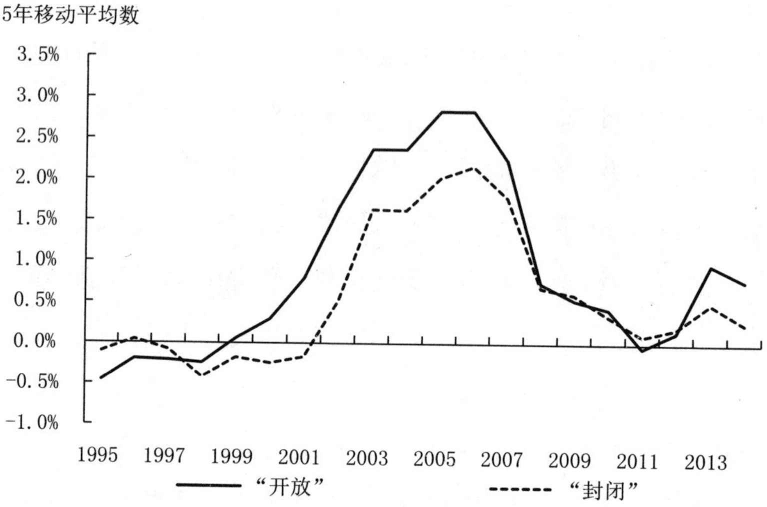

来源：佩恩表 9.0，世界银行，国际货币基金组织，哈弗尔分析，花旗研究

图 17-4　全要素生产率增长

哪种情况下受“特朗普经济”政策的影响程度会较小？像墨西哥、中国、巴西等国受到的影响程度大，而经济体像印度、印度尼西亚、俄罗斯受美国“特朗普经济”的影响程度会较小。比如在“特朗普经济”实施前，俄罗斯并不脆弱，但巴西就更脆弱。这也是很有趣的一点，不同的国家受不同的经济政策的影响程度不同。在巴西、阿根廷、秘鲁这些国家，政策制定者更倾向于经济的自由发展，并获得与国际资本市场的对接（如图 17-5）。

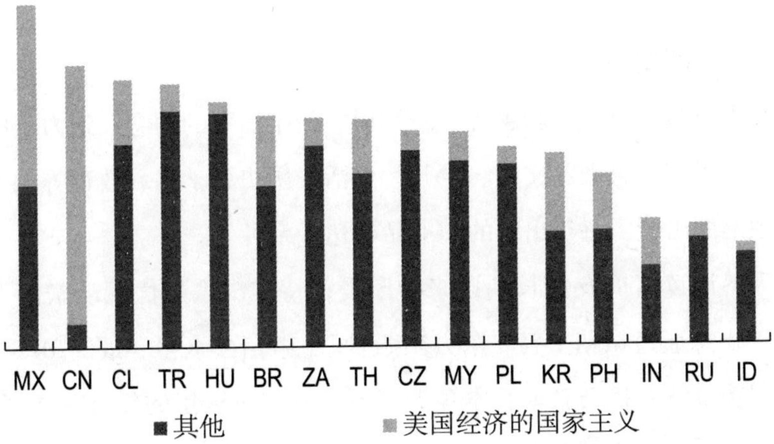

来源：国际货币基金组织，世界银行，国际结算银行，经济合作与发展组织，花旗研究

图 17-5　受“特朗普经济”影响程度

图书在版编目（CIP）数据

看懂今日经济：从不确定性中找到确定性 / 夏斌 主编. — 北京 : 东方出版社，2017.4
ISBN 978-7-5060-9153-4

Ⅰ. ①看…　Ⅱ. ①夏…　Ⅲ. ①世界经济—研究　Ⅳ. ①F11

中国版本图书馆CIP数据核字（2017）第056970号

看懂今日经济：从不确定性中找到确定性
（KANDONG JINRI JINGJI:CONG BUQUEDINGXING ZHONG ZHAODAO QUEDINGXING）

主　　编：夏　斌
责任编辑：许剑秋　龚　雪　李宛霖
出　　版：东方出版社
发　　行：人民东方出版传媒有限公司
地　　址：北京市东城区东四十条113号
邮政编码：100007
印　　刷：北京汇瑞嘉合文化发展有限公司
版　　次：2017年5月第1版
印　　次：2017年5月第1次印刷
开　　本：710毫米 × 1000毫米　1/16
印　　张：12.5
字　　数：155千字
书　　号：ISBN 978-7-5060-9153-4
定　　价：42.00元
发行电话：（010）85924663　85924644　85924641